AI 법과 아이피 이슈

인공지능총서

인공지능 시대입니다. 기계가 인간의 인지를 대신하고, 사물이 인간을 통하지 않고 다른 사물과 직접 커뮤니케이션합니다. 이에 따른 인간 삶과 문명 변화를 정확히 이해 · 예측 · 대응하는 것은 이 시대 우리 모두의 과제입니다. 인공지능총서는 인공지능 기술과 환경의 여러 주제를 10가지 키워드로 정리합니다. 관련 개념과 이론, 학계와 산업계의 쟁점, 우리 일상의 변화를 다룹니다. 인간과 기술의 현재, 미래를 세심히 분석합니다.

일러두기

- 인명, 작품명, 저서명, 개념어 등은 한글과 함께 괄호 안에 해당 국가의 원어를 병기했습니다.
- 외래어 표기는 현행 어문규정의 외래어표기법을 따랐습니다.
- 이 책은 2025년 대한민국 교육부와 한국연구재단의 지원을 받아 수행된 연구임(NRF-2025S1A5B5A16005114).

처음이세요?

전문가세요?

AI 법과 아이피 이슈

정윤경

대한민국, 서울, 커뮤니케이션북스, 2025

AI 법과 아이피 이슈

지은이 정윤경
펴낸이 박영률

초판 1쇄 펴낸날 2025년 10월 15일

커뮤니케이션북스(주)
출판 등록 2007년 8월 17일 제313-2007-000166호
02880 서울시 성북구 성북로 5-11
전화(02) 7474 001, 팩스(02) 736 5047
commbooks@commbooks.com
www.commbooks.com

ISBN 979-11-430-1172-5 03500

책값은 뒤표지에 표시되어 있습니다.

차례

「AI 법」 도입과 지식재산권 패러다임 변화

AI 기술의 진화와 지식 생산 메커니즘의 변화

인류는 고대부터 언어, 문자, 도구 등을 활용해 사상과 감정을 표현해 왔으며, 이러한 표현은 문학, 예술, 과학기술 등 다양한 지적 창조물로 발전해 왔다. 오랜 시간 창작 행위는 사회적 · 문화적 가치로 존중받아 왔지만, 창작자의 권리를 법적으로 보호하려는 제도적 노력은 근대 18세기 이후 본격화되었다. 산업혁명과 인쇄술의 발달로 창작물의 재생산과 유통이 급속히 확대되면서, 창작자와 발명자의 권리를 보호하고 사회 전체의 창의 활동을 장려할 필요성이 제기되었고, 이에 따라 지식재산권(Intellectual Property Rights, IPR)이 제도화되었다.

지식재산권은 인간의 창조적 활동이나 정신적 노력의 산물에 대해 일정 기간 배타적 권리를 부여함으로써, 창작과 발명을 보호하고, 기술 및 문화의 발전을 촉진하는 제도적 장치다. 이는 인간의 창의성과 독창성을 전제로 하며, 그 권리의 주체 역시 전통적으로 자연인으로 한정되어 왔다. 저작권은 창작자의 개성 있는 표현을 보호하며, 특허권은 진보성과 고도성을 갖춘 기술적 성과에 대해 독점적 권리를 부여함으로써 지식의 창출과 유통을 제도적으로 뒷받침하고 있다. 이처럼 지식재산권 체계는 창작자에게 정당한 보상을 제공하는 동시에, 사회 전체의 공공 이익과의 조화를 도모하는 법적 규범으로 기능해 왔다.

그러나 21세기에 들어 기술이 급속히 발전하면서, 특히 생성형 인공지능(Generative AI)의 등장은 인간 중심의 전통적 지식 생산 방식에 근본적인 변화를 가져왔다. 2014년 생성적 적대 신경망(GAN), 2017년 트랜스포머(Transformer)의 도입을 시작으로, 2020년 GPT-3, 2021년 달리(DALL · E), 2022년 미드저니(Midjourney), 2024년 제미나이(Gemini) 1.5와 GPT-4o, 2025년 소라(Sora) 등 고도화된 모델들이 잇따라 등장하면서 텍스트, 이미지, 음악, 영상 등 전 영역에서 AI 기반 자동 창작이 현실화되고 있다. 이처럼 AI는 인간이 감당할 수 없는 속도와 규모로 콘텐츠를 생성하며, 단순한 도구를 넘어 협력자이자 독립적인 창작 주체로 인식되기 시작했다. 특히 다중 스타일이 혼합된 이미지, 초현실적 음악, 자동 생성된 시나리오 등 새로운 유형의 창작물이 등장하면서, 독창성 판단 기준, 저작권 침해 여부, 학습 데이터 적법성 등 다양한 법적 · 윤리적 쟁점이 제기되고 있다.

그럼에도 현행 지식재산권 체계는 여전히 인간 중심의 법리에 기반해 운영되고 있어, 생성형 AI가 수행하는 창작 활동을 충분히 포섭하지 못하는 한계를 지닌다. AI 기술이 급속히 확산되고 있음에도, 관련 제도는 변화하는 환경에 유연하게 대응하지 못하고 있는 실정이다. 이러한 불확실성은 제도적 공백을 심화하고, 권리자 보호와 이용자 접근권이라는 두 측면 모두에서 법적 안정성을 저해하는 요인으로 작용할 수 있다. 특히 인간과 AI가 협업하거나 AI가 독자적으로 창작을 수행하는 현실이 점차 보편화됨에 따라, 창작 주체성, 권리 귀속, 책임 구조 등 지식재산권 체계의 핵심 개념에 대한 근본적인 재설계가 불가피한 상황이다. 이에 따라 AI 기술의 진화에 부응하고, 새로운 지식 생산 메커니즘을 반영할 수 있는 법적 기준과 정책 방향을 신속히 정립하는 것이 시급한 과제로 떠오르고 있다.

주요국의 AI 규제 법안 도입 현황

세계 주요국은 AI 기술의 급속한 발전에 발맞추어 법적 규율 체계를 적극적으로 정비하고 있다. 특히 최근 주목받고 있는 생성형 AI의 확산은 알고리즘의 책임 소재, 데이터 이용의 적법성, 창작물의 권리 귀속, 딥페이크 유포 등 기존 법제로는 충분히 대응하기 어려운 새로운 법적 과제를 동반하고 있다. 이에 각국은 AI 기술의 혁신을 저해하지 않으면서도 안전성과 책임성을 확보할 수 있는 균형 잡힌 법제 마련에 착수하고 있으며, 다양한 규제 모델을 통해 제도적 틀을 형성해 나가고 있다.

먼저, 유럽연합(EU)은 2024년 8월 1일 「인공지능법(AI Act)」을 공식 발효했으며, 단계적 이행을 거쳐 2027년 8월 전면 시행할 계획이다. 이 법은 AI 시스템을 위험 수준에 따라 ▲금지 ▲고위험 ▲제한 ▲저위험의 네 가지 범주로 구분하고, 각 범주에 따라 차등 규제를 적용한다. 예를 들어, 얼굴 인식과 같이 인권 침해 우려가 있는 기술은 전면 금지되며, 의료 · 교육 · 고용 등 민감한 분야에 사용되는 고위험 AI에는 데이터 품질 확보, 설명 가능성, 인간 개입 보장, 문서화 등의 강화된 의무가 부과된다. 아울러, 범용 목적 AI 모델에는 학습 데이터 출처 공개, AI 생성물임을 알리는 표시, 위험 평가 보고 등의 새로운 규제가 추가된다. EU는 기술 발전을 저해하지 않으면서도 유연하게 대응할 수 있는 AI 운영 체계를 마련하고자 차등적 규제 방식을 도입했으며, 이를 통해 국제 사회에서 책임 있는 AI 규범을 선도하려는 전략적 목표를 추구하고 있다.

일본은 2025년 5월 「인공지능 관련 기술의 연구 개발 및 활용 촉진에 관한 법률(AIの研究開発及び利用の促進に関する法律)」을 제정하여 인공지능 법제 틀을 마련했다. 그동안은 가이드라인 중심의 자율 규제 방식에 의존해 왔으나, 이번 법 제정은 강제력을 갖춘 법적 규범 체계로의 전환이라는 점에서 중요한 의의를 지닌다. 이 법은 기술 혁신을 촉진하면서도 윤리성과 사회적 책임을 확보할 수 있도록 균형 잡힌 규율을 담고 있다. 연구 개발 단계에서는 데이터 활용의 유연성을 보장하되, 상업적 전환 시에는 알고리즘의 공정성과 설명 가능성 확보 등을 의무화하고 있다. 의료 · 과학 분야에서는 데이터 활용 효율성을 고려해 일부 규제를 완화하고, 민감 정보 처리에 관한 동의 절차도 명확히 정비했다. 이처럼 일본은 기술의 특성과 활용 맥락을 고려한 단계별 규율 체계를 마련하고, 사후적으로 제도를 보완할 수 있도록 설계함으로써 산업 경쟁력과 사회적 수용성 간의 균형을 도모하고자 했다.

중국은 아직 포괄적인 AI 기본법은 마련하지 않았지만, 「생성형 AI 서비스 관리 임시 조치(生成式人工智能

服务管理暂行办法)」를 비롯한 분야별 행정 규제를 선제적으로 도입하고 있다. 이 조치는 생성 콘텐츠에 대한 사전 라벨링, 민감 정보 검열, 알고리즘 등록 및 변경 보고 의무 등을 포함하고 있으며, 2025년부터 출처 명시, 워터마크 부착, 위험 평가 등 생성형 AI 관련 기술 기준과 절차를 단계적으로 시행하고 있다. 이러한 규제는 2023년 임시 조치의 후속 조치로서 제15차 5개년 계획(2021~2025)의 마무리 단계에서 AI 규제 체계를 제도적 · 기술적으로 정비하려는 전략의 일환으로, 개인정보 보호, 데이터 보안, 알고리즘의 안전성 확보 등을 포함하고 있다. 국가인터넷정보판공실(CAC)과 공업정보화부(MIIT)는 관련 기술 규범을 마련하고 이를 지속적으로 적용 중이다. 이처럼 중국은 통제 중심의 규제를 강화하는 동시에, AI 핵심 기술의 자립화를 국가 전략으로 삼아 법 제도와 기술 표준을 연계한 산업 통제 체계를 구축해 나가고 있다.

우리나라도 「인공지능의 발전과 신뢰 기반 조성 등에 관한 기본법」(이하 「인공지능 기본법」)을 2024년 12월 국회에서 통과시켰고, 2025년 1월 공포를 거쳐 2026년 1월부터 시행할 예정이다. 이 법은 고위험 AI와 생성형 AI를 구분해 각각에 대한 규율 체계를 제시하고 있으며, ▲

투명성 확보 ▲설명 책임 ▲안전성 인증 ▲위험 평가 등의 핵심 의무를 포함하고 있다. 고위험 AI에는 강화된 안전 조치와 정보 공개 의무가 적용되고, 일반 AI에는 자율 규제에 가까운 유연한 원칙이 적용되는 차등적 규제 구조를 채택하고 있다. 다만 이 법은 원칙 중심의 기본법 형태로 제정된 만큼, 고위험 AI의 정의, 감독 기구의 권한, 이행 절차 등 세부 규정은 미비하다는 지적이 제기되고 있다. 이에 따라 대통령령, 시행 규칙, 부처 고시 등을 통해 구체적인 기준과 절차, 기관의 역할 및 벌칙 규정이 단계적으로 마련될 예정이다. 아울러 관련 법령 간 정합성 확보를 위한 연계 입법과 제도 정비도 지속적으로 추진될 전망이다.

AI 규제 입법과 지식재산권의 충돌과 조화

각국에서 도입되었거나 논의 중인 AI 관련 법 제도는 기존 지식재산권 체계와 충돌하거나 제도적 공백을 드러내는 사례가 적지 않다. AI 기술의 급속한 발전에 대응해 마련되고 있는 규제 법안들은, 기술 혁신을 저해하지 않으면서도 사회적 신뢰와 이용자 안전을 확보하기 위한 목적 아래 설계되고 있다. 이러한 법안들은 일반적으로 ▲AI 시스템의 안전성 확보 ▲운영 및 의사 결정 과정의 투명성 제고 ▲책임 귀속 및 법적 책임의 명확화 등을 핵심 원칙으로 삼고 있다.

그러나 이와 같은 규제의 도입은 기존 지식재산권 제도와의 구조적 긴장을 더욱 심화하고 있다. 특히 생성형 AI는 인간의 직접 개입 없이 텍스트, 이미지, 음악 등 다양한 콘텐츠를 자동으로 생성할 수 있는 기술로, 창작 주체의 불분명성, 권리 귀속의 모호성, 보호 요건 충족 여부 등 복합적인 법적 쟁점을 야기한다. 이러한 문제는 기술이 고도화되고 활용 범위가 확대될수록 더욱 복잡하게 얽히게 되며, 지식재산권 제도 전반에 대한 입체적 재검토의 필요성을 부각하고 있다.

실제로 AI 학습에 활용된 데이터세트에 대규모 저작물이 포함되면서, 이를 둘러싼 저작권 침해 소송이 세계 각국에서 제기되고 있다. 2023년 7월, 미국에서는 세라 실버먼(Sarah Silverman) 등 유명 작가들이 오픈AI(OpenAI)와 메타(Meta)를 상대로 저작권 침해 소송을 제기했다. 이들은 자신의 저서가 두 기업의 언어 모델 학습에 무단 사용되었고, 그 결과 생성된 GPT 모델이 해당 저작물을 복제하거나 요약 · 패러프레이징(paraphrasing) 형태로 출력할 수 있다는 점을 근거로 침해를 주장했다. 다만, 메타를 상대로 한 소송은 2025년 6

월 미국 법원에서 원고의 주장이 법리상 불충분하다는 이유로 기각되었고, 오픈AI에 대한 소송은 일부 청구만 남긴 채 계속 진행 중이다. 한편, 2024년 9월 독일 함부르크 지방 법원은 로베르트 크네슈케(Robert Kneschke)가 비영리단체 라이언(LAION)을 상대로 제기한 저작권 침해 소송에서 원고의 청구를 기각했다. 법원은 라이언이 구글, 플리커(Flickr) 등에서 이미지를 크롤링해 구축한 데이터세트에 원고의 사진이 포함되어 있음을 인정하면서도, 이 같은 행위는 독일 「저작권법」 상 TDM(Text Data Mining) 예외에 해당한다고 판단했다. 이처럼 AI 학습용 데이터 수집과 활용이 저작권 침해에 해당하는지를 둘러싼 분쟁이 이어지는 가운데, AI 개발 과정에서 저작물 이용의 한계와 책임 범위를 둘러싼 논의도 본격화되고 있다.

한편, AI 규제 법안은 기존 「상표법」 및 「부정경쟁방지법」과의 충돌 가능성도 내포하고 있다. 생성형 AI가 제작한 콘텐츠가 기존 상표나 브랜드 이미지와 유사해 소비자에게 혼동을 야기할 수 있음에도 이에 관한 명확한 규율 기준은 아직 마련되지 않은 상황이다. 예컨대, AI가 유명 브랜드의 로고, 상표, 워터마크 등을 그대로 또는 유사하게 생성하는 경우, 「상표법」 상 유사성 판단

뿐 아니라 「부정경쟁방지법」상 출처 혼동, 명성 희석(dilution), 영업 표지 모방 등 다양한 법적 쟁점이 제기될 수 있다. 2023년 1월 영국에서는 게티 이미지(Getty Images)가 이미지 생성 AI 스테이블 디퓨전(Stable Diffusion)을 개발한 스태빌리티 AI(Stability AI)를 상대로 상표권 침해 및 부정 경쟁 행위(passing off: 사칭)를 이유로 소송을 제기했다. 이 사건에서 게티는 자사 워터마크가 포함된 이미지가 AI를 통해 무단 출력되었고, 이로 인해 소비자가 이미지의 출처를 혼동하거나 브랜드 명성이 훼손될 수 있다고 주장했다. 저작권 침해 청구는 일부 철회되었으나, 상표권 및 부정 경쟁 쟁점은 여전히 계속 심리 중이다. 또 다른 사례로, 2025년 7월 미국 캘리포니아 연방 법원은 '오픈 아티피셜 인텔리전스(Open Artificial Intelligence)'라는 상호를 사용하는 기업에 대해 오픈AI가 제기한 소송에서, 해당 명칭이 자사의 등록 상표와 혼동을 유발한다고 보고 상표권 침해를 인정했다. 법원은 상표의 유사성, 서비스의 관련성, 소비자 혼동 가능성을 종합적으로 고려해 해당 명칭의 사용을 금지할 것을 명령했다. 이처럼 AI 생성물이 브랜드 이미지나 식별 요소를 의도치 않게 재현하거나, AI 관련 기업 명칭이 기존 상표와 충돌하는 사례는 증가하고 있다. 이러한 현상은 소비자 혼동, 출처 오인, 브랜드 희석화를 유발할 수 있으며, 「부정경쟁방지법」상 무단 모방이나 명성 편승으로 평가될 여지도 내포한다.

결국 이러한 복합적인 쟁점들은 AI 관련 법제와 지식재산권 제도 간의 정합성과 연계성을 강화하기 위한 제도적 보완이 시급하다는 점을 드러낸다. 이를 위해서는 각국의 「AI 기본법」 등에서 제시하는 규제 원칙과 적용 범위를 명확히 파악하고, 기존 지식재산권 제도와의 충돌을 최소화할 수 있도록 전체 법체계를 조화롭게 설계할 필요가 있다.

AI 시대, 지식재산권 체계의 재편 방향과 국제적 정합성 확보

국제 사회는 AI 기술 도입이 지식재산권 체계에 미치는 영향을 반영해, 기존 제도의 적용 한계를 보완하고 새로운 법적 공백을 해소하기 위한 공통 규범 마련과 제도 정비를 추진하고 있다. 이를 위해 세계지적재산권기구, 세계무역기구, 경제협력개발기구, EU 등 주요 국제기구를 중심으로 다자간 협의가 활발히 진행 중이다.

우선, 세계지식재산권기구(WIPO)는 2019년부터 "IP와 AI에 관한 대화(Conversation on IP and AI)"를 정례

적으로 개최하며, AI 기술이 창작 및 발명 과정에 미치는 영향을 다각도로 검토하고 있다. 이 논의에서는 특히 AI 생성물의 저작권 보호 가능성과 관련해, 인간이 창작 과정에 일정 수준 이상 개입해야 저작권을 인정할 수 있다는 이른바 '인간 최소 기여(Human minimal contribution)' 기준을 핵심 쟁점으로 다루고 있다. 이는 프롬프트 입력, 결과물 선택, 편집 등 인간의 창작적 개입이 일정 기준이상을 충족한 경우에만 저작권을 부여하자는 것으로, 전통적인 창작 개념에 대한 도전이자 재정립으로 해석될 수 있다.

또한 WIPO는 AI 학습 과정에서의 저작물 이용 문제도 주요 의제로 다루고 있다. 특히 저작권 보호 대상 콘텐츠가 AI에 의해 무단으로 학습될 경우, 저작권 침해로 이어질 수 있다는 우려가 제기되면서 이에 대한 제도적 대응의 필요성이 국제 사회 전반에서 확산되고 있다. WIPO는 EU의 TDM 예외 규정과 옵트 아웃(opt-out) 제도를 국제적 참고 모델로 제시하며, 권리자가 사전에 학습 거부 의사를 명확히 표시할 수 있도록 하는 제도적 장치의 필요성을 강조하고 있다.

한편, EU는 2019년 「디지털 단일시장 저작권 지침(Directive on Copyright in the Digital Single Market)」

(이하 「DSM 지침」)을 통해 공익 목적의 연구 · 교육 기관에 대해서는 TDM의 자유로운 이용을 허용하고, 상업적 목적의 경우에도 권리자가 명시적으로 옵트 아웃 의사를 표시하지 않는 한 TDM을 허용하는 절충적 모델을 채택했다. 독일, 프랑스, 네덜란드 등 주요국은 이를 자국 「저작권법」에 반영함으로써, AI 기업과 저작권자 간의 법적 예측 가능성을 일정 부분 확보했다. 다만 옵트 아웃 제도의 실효성, AI 생성물과 기존 저작물 간 유사성 판단 기준, 플랫폼 제공자의 책임 범위 등은 추후 정비가 필요한 과제로 지적되고 있다.

특허 분야에서도 AI의 발명 기여를 둘러싼 논의가 활발히 전개되고 있다. 현재 대부분의 국가는 '인간(Human)만이 법적 발명자가 될 수 있다'는 원칙을 고수하고 있으나, AI가 독창적인 기술적 해결책을 제시하거나 실질적인 아이디어를 도출하는 사례가 늘면서 기존의 발명자성(Inventorship) 개념을 재검토해야 한다는 목소리가 커지고 있다. 이에 WIPO는 'AI 보조 발명(AI-assisted invention)'과 'AI 단독 생성 발명(AI-generated invention)'을 구분한 후, 각 유형에 적합한 법적 대응 방안을 모색하고 있다. 이러한 구분은 앞으로 권리 귀속 기준과 보호 범위를 설정하는 데 실질적 기준으로 작용할 수 있을 것으로 예상된다.

경제협력개발기구(OECD) 또한 2025년 보고서《스크랩된 데이터를 기반으로 학습된 인공지능의 지식재산권 이슈(Intellectual Property Issues in Artificial Intelligence Trained on Scraped Data)》를 통해 AI 학습용 데이터 이용과 관련해, 공정한 접근 보장과 권리 보호 간의 균형 확보가 중요하다는 점을 강조했다. 이 보고서에서는 ▲표준화된 데이터 라이선스 체계의 도입, ▲데이터의 수집 · 이용 · 활용 전 과정에 대한 투명성 강화, ▲국제적 TDM 예외 규정의 조율 필요성 등을 제안하며, AI 생태계의 지속 가능성과 함께 저작권자 및 콘텐츠 권리자의 통제권을 보장할 수 있는 실질적인 정책 방향을 제시하고 있다.

이러한 국제적 흐름을 고려할 때, 지식재산권 체계는 AI 기술의 자율성과 인간의 창작 개입 간의 경계 설정, 학습 데이터의 적법한 활용 요건, 생성물에 대한 권리 귀속 및 책임 판단 기준 등을 중심으로 구조적 재편이 불가피할 것으로 보인다. 급변하는 기술 환경에서 기존 법제를 그대로 적용하는 것만으로는 새롭게 대두되는 복합적 쟁점을 충분히 포괄하기 어렵기 때문이다. AI 시대에 지식재산 강국으로 도약하기 위해서는 국내외 입법 동향과 국제 논의의 흐름을 면밀히 분석하고, 현행 제도의 적용 가능성과 한계를 객관적으로 검토할 필요가 있다. 창작자와 권리자의 정당한 이익을 보호하면서도 기술 혁신을 저해하지 않는 균형 잡힌 법제를 마련해 나가야 한다.

참고문헌

김성하(2024.1.31). "인공지능(AI) 법제 개선 방안 연구 : AI 법과 례를 중심으로". 경기연구원, https://blog.naver.com/gri_blog/223731575916

라기원(2024.10.31). "AI 활용과 대응을 위한 입법분야 조사 연구". 한국법제연구원, https://www.klri.re.kr/kor/publication/2254/view.do

법제처(2024.7). "인공지능(AI) 관련 국내외 법제 동향". 《법제소식》 7월호, 최신 입법 트렌드.

신용우(2024.9.28). "인공지능 윤리와 저작권의 규제체계 연구". 국회입법조사처, https://eiec.kdi.re.kr/policy/domesticView.do?ac=0000188608

특허청(2022.3.23). "인공지능(AI)과 지식재산백서: 인공지능 관련 지식재산 이슈의 국내외 논의동향", https://nsp.nanet.go.kr/plan/subject/detail.do?nationalPlanControlNo=PLAN0000030483

Boyden, B. E.(2024.11.18). Generative AI and IP under US law. *Marquette Law School Legal Studies Paper*, 24(9), pp.1–44, https://papers.ssrn.com/sol3/papers.cfm?abstract_id=5024

667
Chan, K.(2025.6.26). Getty drops copyright allegations in UK lawsuit against Stability AI. *AP News*, https://apnews.com/article/getty-images-stability-ai-copyright-trial-stable-diffusion-7208c729fb10c1f133cb49da2065d72a
Pan, Z. et al.(2024.8). The research on the ownership of copyright of AI-generated content. *Highlights in Business, Economics and Management*, 39, pp.362-368, https://www.researchgate.net/publication/383208802_The_Research_On_The_Ownership_Of_Copyright_Of_AI-generated_Content

01
인공지능 시대의 도래와 법적 대응

인공지능 기술은 우리 삶의 다양한 영역으로 빠르게 확산되고 있으며, 특히 생성형 AI의 등장은 기존 법체계에 근본적인 도전 과제를 제기하고 있다. 이로 인해 저작권, 개인정보 보호, 계약, 형사 책임 등 여러 법 분야에서 복합적인 쟁점이 새롭게 부각되고 있다. 이러한 변화에 효과적으로 대응하기 위해서는 AI 기술의 특성과 사회적 파급력을 반영한 새로운 규범과 법적 기준의 정립이 필수적이다.

기후 위기와 인공지능?

인공지능 기술의 도입과 진화

인공지능은 20세기 중반 "기계가 사고할 수 있는가?"라는 철학적 질문에서 출발했다. 1956년, 존 매카시(John McCarthy), 마빈 민스키(Marvin Minsky) 등은 미국 다트머스 대학에서 개최된 인공지능 회의(Dartmouth Conference)를 통해 AI를 하나의 독립적인 학문 분야로 선언하고, 'Artificial Intelligence'라는 용어를 공식화했다. 이 회의는 AI 연구의 '헌법 제정'에 비유될 만큼, 인공지능 발전사에서 중요한 역사적 전환점으로 평가된다. 이후 AI는 여러 차례 기술적 침체기와 기대의 반복이라는 사이클을 거치면서, 기초 이론과 알고리즘을 끊임없이 축적해 나갔다. 이와 더불어 인간의 사고 및 인지 능력을 기계가 어떻게 구현할 수 있을지를 둘러싼 연구도 꾸준히 이어졌다.

1980년대에는 AI의 주류 기술로 전문가 시스템(Expert System)이 부상했다. 이는 특정 분야의 전문적 지식을 규칙 형태로 체계화해 문제를 해결하는 방식으로, 의료, 금융, 산업 등 다양한 영역에서 상용화되었다. 그러나 지식의 수작업 입력과 지속적인 유지·보수의 어려움이라는 한계가 곧 드러났다.

1990년대에는 이러한 한계를 극복하기 위한 대안으

로 머신 러닝(Machine Learning)이 주목받기 시작했다. AI는 점차 규칙 기반 시스템에서 벗어나 데이터를 기반으로 스스로 학습하는 모델 중심으로 전환되었으며, 인공 신경망(Artificial Neural Network, ANN)에 대한 연구가 활발히 이뤄지면서 이후 딥 러닝 기술로 이어지는 기초가 마련되었다.

2000년대 들어서는 인터넷의 확산, 컴퓨팅 성능의 획기적 향상, 대규모 데이터 축적의 가속화에 힘입어 AI 기술이 점진적으로 진화했다. 자연어 처리, 음성 인식, 추천 시스템, 로보틱스 등 다양한 분야에서 AI의 상용화가 본격화되었으며, 2011년 IBM의 '왓슨(Watson)'이 퀴즈쇼 〈제퍼디!(Jeopardy!)〉에서 인간 챔피언을 이기며 대중의 주목을 끌었다. 이 시기는 딥 러닝 도입 이전의 과도기로, AI가 실생활에 점차 스며들기 시작한 전환기라고 할 수 있다.

2010년대에는 딥 러닝 기반 모델로의 본격적인 전환이 이뤄지면서 인공지능이 비약적인 발전을 거듭했다. 2012년 알렉스넷(AlexNet)이 이미지넷(ImageNet) 대회에서 기존 모델을 압도하며 딥 러닝 시대의 서막을 열었고, 이후 VGGNet, ResNet, EfficientNet 등이 연이어 등장하면서 컴퓨터 비전, 자연어 처리, 음성 인식 등 다양한 분야에서 AI는 인간 수준의 성능에 도달하거나 이를 능가하기 시작했다.

2020년대에 들어 생성형 인공지능(Generative AI)의 등장은 인공지능 기술 발전의 새로운 전환점을 마련했다. 생성형 AI는 기존의 분석 및 예측 기능을 넘어, 텍스트 · 이미지 · 음성 · 영상 등 다양한 형태의 데이터를 직접 생성하며 본격적인 창작 도구로 자리매김했다. 대표적으로 구글의 제미나이(Gemini), 오픈AI의 챗GPT (ChatGPT), 어도비의 파이어플라이(Firefly) 및 포토숍(Photoshop)의 제너레이티브 필(Generative Fill), 런웨이(Runway)의 젠2(Gen-2) 등이 있으며, 이러한 기술들은 디자인, 마케팅, 콘텐츠 제작 등 다양한 실무 영역에서 활발히 활용되고 있다.

이처럼 AI는 시대의 흐름에 따라 단순한 보조 수단에서 벗어나, 창작과 판단을 수행하는 능동적 주체로 진화하고 있다. 오늘날 AI는 웨어러블 디바이스, 교육 기술, 의료 서비스, 제조 자동화 등 전 산업 분야에서 핵심 동력으로 작용하며, 기술 혁신을 이끄는 중심축이 되고 있다.

인공지능 기술의 확산과 기존 법체계와의 충돌

AI 기술의 급격한 발전은 사회 전반에 구조적인 변화를 초래하고 있으며, 그에 따라 기존 법규와의 충돌이 점차 분명해지고 있다. 특히 생성형 AI의 등장은 기존 법체계가 전제로 삼아 온 개념들과 정면으로 충돌하면서, 법적 해석과 규율의 틀이 근본적인 도전에 직면하고 있다.

우선 「저작권법」과의 구조적 충돌이 대표적인 쟁점으로 떠오르고 있다. 현행 「저작권법」은 인간 저작자를 전제로 창작과 권리 보호 체계를 구성하고 있으나, 생성형 AI는 인간의 개입 없이도 독창적인 콘텐츠를 자동 생성할 수 있다. 이 경우, 해당 산출물이 독창성을 갖추었다 해도 이를 누구의 저작물로 볼 것인지에 대한 법적 판단 기준은 명확하지 않다. 예컨대 AI가 생성한 이미지나 텍스트가 예술적 완성도를 갖추었더라도, 그것이 저작권 보호 대상에 해당하는지 또는 그 권리가 AI 개발자나 이용자에게 귀속되는지에 대한 일관된 기준이 마련되지 않았다. 이처럼 기존 「저작권법」은 창작의 '인간 주체성'을 전제로 설계되어 있어서 비인간적 창작 행위에 대한 포섭과 적용에는 구조적 한계를 지닌다.

다음으로, AI 학습 과정에서 활용되는 방대한 데이터와 관련된 저작권 침해 논의도 기존 법체계의 경계를 시험하고 있다. 생성형 AI는 뉴스 기사, 논문, 웹사이트 등 저작권 보호 대상이 되는 콘텐츠를 포함한 데이터를 학습 자료로 활용하지만, 이 과정에서 권리자의 동의 없이 저작물을 수집 · 분석하는 것이 현행 「저작권법」상 허용되는지는 불분명하다. 유럽연합은 「DSM 지침」을 통해 일정 요건하에 TDM(Text Data Mining)을 허용하고 있으나, 우리나라를 포함한 다수 국가는 이에 상응하는 입법 정비가 미비한 상황이다. 이로 인해 AI의 학습 자유와 저작권자의 권리 보호 사이에서 제도적 긴장이 심화되고 있으며, 기술 발전 속도를 법 제도가 따라가지 못하고 있다는 비판이 계속 제기되고 있다.

또한, AI의 판단 과정에서 발생하는 편향, 차별, 오류 등에 대한 법적 책임 소재 역시 현행 규범 체계로는 충분히 설명하기 어렵다. 예컨대, AI 기반 채용 시스템이 특정 집단을 체계적으로 배제할 경우, 이는 명백한 차별이 될 수 있으나, 그 책임을 시스템 설계자, 데이터 제공자, 운영자 중 누구에게 귀속시켜야 하는지에 대한 명확한 기준이 없다. 기존 법체계는 주로 인간의 의도나 과실을 중심으로 책임을 구성하지만, AI는 스스로 학습하고 예측 · 판단하는 특성을 지니므로 전통적인 법리로는 그 책임 구조를 온전히 설명하기 어렵다. 특히 알고리즘의 비투명성과 설명 불가능성은 피해자에게 실질적인 구제 수단을 제공하는 데 한계를 초래하고 있다.

그 외에도 AI가 생성한 콘텐츠로 인해 발생하는 2차 피해와 그에 따른 법적 책임 분배 문제도 새로운 과제로 떠오르고 있다. 허위 정보, 명예 훼손, 혐오 표현이 AI를 통해 대규모로 유통될 경우, 그 법적 책임이 플랫폼 사업자에게 있는지, 개발자에게 있는지, 또는 단순한 사용자에게 있는지를 둘러싼 기준은 여전히 모호하다. 특히 최근에는 AI가 유명인의 외모나 음성을 모방한 '딥페이크' 콘텐츠가 빠르게 확산되며, 초상권, 퍼블리시티권, 사생활 보호 등 기존 인격권 규범과 충돌하는 사례가 빈번하게 발생하고 있다. 이에 따라 생성형 AI 시대에 부합하는 책임 구조와 법적 대응 체계의 재정립이 시급한 과제로 부상하고 있다.

인공지능 시대의 주요 법적 과제와 규범 재정립

AI 기술의 비약적인 발전은 기존 법 제도의 한계를 드러내며, 이에 대한 새로운 입법적 대응의 필요성을 강하게 제기하고 있다. 단순히 기존 법률 체계에 AI 관련 문제를 억지로 끼워 맞추는 방식으로는 기술의 복잡성과 사회적 파급력을 충분히 반영할 수 없다. AI는 자율성, 비인간성, 예측 불가능성이라는 고유한 특성을 지니고 있으며, 이는 전통적으로 인간의 의사 결정과 행위를 전제로 구성된 법체계와 근본적인 충돌을 일으킨다. 따라서 AI 기술의 작동 원리와 사회적 영향력을 종합적으로 고려한 새로운 법적 기준과 해석 원칙의 정립이 요구된다.

이러한 문제의식 속에서, AI를 법적 주체로 인정할 수 있는지, 알고리즘의 투명성과 설명 가능성을 어떻게 확보할 것인지, AI 시스템의 작동 중 발생하는 오류나 피해에 대한 책임은 어디에 귀속되는지 등이 핵심적인 논의 대상으로 부상하고 있다. 특히 AI가 계약 체결 과정에 실질적으로 관여하거나 독자적으로 판단을 내리는 사례가 증가함에 따라, 계약 행위의 주체성과 책임 귀속 구조를 법적으로 재정립할 필요성이 제기되고 있다. 더불어 형사 책임 영역에서도, 현행 형법은 '고의'와 '과실'이라는 인간 중심의 책임 원리에 기반하고 있기 때문에, 자율적으로 판단하고 행동하는 AI에게 기존 법리를 그대로 적용하는 데에는 근본적인 한계가 존재한다. 이에 따라 형사법 체계도 기술 현실에 부합하도록 구조적으로 재편될 필요가 있다.

지식재산권 분야에서도 생성형 AI가 독창적인 결과물을 산출하는 경우, 그에 대해 기존의 저작권 또는 특허 제도를 어떻게 적용할 것인지가 중요한 쟁점으로 떠오르고 있다. 인간의 개입이 극히 제한된 상태에서 생성된 이미지나 텍스트가 저작권 보호 대상이 되는지, 또는 AI가 제안한 기술적 해결책이 「특허법」상 발명으로 인정될 수 있는지에 대해 명확한 기준은 아직 확립되지 않았다. 국내외에서 다양한 입법·판례 논의가 활발히 이뤄지고 있으나, 기존 지식재산권 제도는 창작과 발명의 '인간 주체성'을 전제로 설계되어 있어, AI 생성물에 대한 권리 귀속을 명확히 규율하는 데 구조적 한계를 드러내고 있다.

생성형 AI는 대규모의 텍스트, 이미지, 음성 데이터를 학습하는 과정에서 타인의 저작물을 포함할 수 있기 때문에, 학습 과정 자체가 저작권을 침해할 소지가 있다는 점도 중대한 법적 쟁점이다. 일부 국가는 TDM 예외 조항을 도입해 일정 요건하에서 AI 학습을 허용하고 있으나, 우리나라를 포함한 다수 국가에서는 이에 상응하는 입법 정비가 아직 미흡한 상황이다. 그 결과, AI의 학습 자유와 저작권자의 권리 보호 사이에서 제도적 긴장이 지속되고 있으며, 현행 법제가 급속히 변화하는 기술 환경을 따라가지 못하고 있다는 비판이 끊이지 않고 있다.

이러한 점에 비춰 보았을 때, AI 시대의 법 제도는 기존 법률을 단순히 보완하는 수준을 넘어, 기술 변화에 능동적으로 대응할 수 있도록 새로운 규범 질서로 재구성되어야 한다. 기술이 사회 규범을 선도하는 오늘날, 법 또한 변화의 흐름에 뒤처지지 않도록 유연하고 예측 가능한 방식으로 진화할 필요가 있다. 이는 단지 기술 발전을 수용하는 데 그치지 않고, 인간의 권리를 보호하고 공정한 사회 질서를 유지하기 위한 법의 본질적 기능을 재확인하는 과정이기도 하다. AI를 둘러싼 법적 대응은 미래 사회를 위한 제도 기반 마련과 직결되며, 그 방향과 속도는 사회 전체의 신뢰와 지속 가능성 확보에도 결정적인 영향을 미칠 것이다.

참고문헌

계승균(2020.12). 《인공지능과 지식재산권》. 한국지식재산연구원, https://www.dbpia.co.kr/journal/articleDetail?nodeId=NODE11463495

고인석(2022). 《인공지능과 로봇의 윤리》. 세창출판사.

과학기술정보통신부(2020.12.24). "인공지능 시대를 준비하는 법·제도·규제 정비 로드맵 마련", https://eiec.kdi.re.kr/policy/materialView.do?num=208844&topic=&pp=20&datecount=&recommend=&pg=

김재윤(2024). "생성형 인공지능(AI)를 이용한 명예훼손 범죄의 책임귀속 주체와 그 내용에 관한 고찰". 《비교형사법연구》, 26(3), 217-250쪽,

https://www.kci.go.kr/kciportal/ci/sereArticleSearch/ciSereArtiView.kci?sereArticleSearchBean.artiId=ART003137534

손형섭 외(2023). 《디지털 전환 시대의 법이론 : 위험과 변화 그리고 대응》. 박영사.

인하대학교 법학연구소(2023). 《인공지능법 총론》. 세창출판사.

장보은(2021). "인공지능의 발전과 계약-계약법의 역할을 중심으로". 《저스티스》, 183, https://www.kci.go.kr/kciportal/ci/sereArticleSearch/ciSereArtiView.kci?sereArticleSearchBean.artiId=ART002704375

정윤경(2020). "인공지능(AI) 창작물의 저작권법상 보호방안". *The Journal of Law & IP*, 10(2), 157-195쪽, https://www.kci.go.kr/kciportal/ci/sereArticleSearch/ciSereArtiView.kci?sereArticleSearchBean.artiId=ART002664818

McGurk, B. & Tomlinson, J.(2025). *Artificial intelligence and public law*. Bloomsbury Publishing.

Wischmeyer, T. & Rademacher, T.(2019). *Regulating artificial intelligence*. Springer.

02
유럽연합 「인공지능법」 제정과 주요 내용

유럽연합의 「인공지능법」은 인공지능 시스템을 위험도에 따라 금지, 고위험, 제한, 저위험의 4단계로 분류하고, 각 등급에 따라 차등적인 규제를 적용하는 세계 최초의 포괄적 AI 규제법이다. 이는 우리나라 역시 AI 활용의 위험 수준에 따라 맞춤형 규제 체제를 도입하고, 특히 고위험 분야에 대해서는 선제적 법 · 제도 정비를 추진할 필요가 있음을 시사한다.

노래하는 AI 보컬?

유럽 「인공지능법」의 제정 배경

유럽연합은 2021년 4월, 세계 최초로 포괄적 인공지능 규제안인 「인공지능법」 초안을 공식 발표하며 기술 규율의 새로운 시대를 열었다. 이는 인공지능 시대에 부합하는 법적 · 윤리적 질서를 구축하려는 전략적 시도이자, 급변하는 디지털 기술의 발전 속도에 대응하지 못하는 기존 법제의 한계를 극복하려는 제도적 노력의 일환이라 할 수 있다. 해당 법안은 약 4년에 걸친 협의와 조율을 거쳐 2024년 3월 유럽의회에서 최종 채택되었고, 같은 해 5월 EU 이사회의 공식 승인을 받은 뒤 7월 관보에 게재되었으며, 8월 1일부터 정식 발효되었다.

EU 「인공지능법」 제정의 직접적인 배경에는 인공지능 기술의 비약적 발전과 이에 따른 사회적 영향력의 확산이 있다. 인공지능은 이제 초기 연구 단계의 기술을 넘어 의료 진단, 금융 서비스, 교통 관리, 형사 사법, 공공행정 등 다양한 분야에서 인간의 의사결정을 보조하거나 대체하는 핵심 기술로 자리 잡았다. 그러나 이와 함께 알고리즘 편향, 개인정보 침해, 자동화된 의사 결정의 불투명성 같은 문제가 현실화되면서, 기존 법체계만으로는 대응하기 어려운 새로운 위험군으로 인식되었다.

특히 2010년대 후반 이후, 고위험 AI 기술이 실제 사회적 피해로 이어지는 사례가 보고되면서 규제의 필요성은 더욱 커졌다. 채용, 대출 심사에서의 알고리즘 차별, 형사 사법 절차에서의 편향된 판단, 대규모 생체 인식 감시, 딥페이크 영상 확산 등은 단순한 기술적 오류를 넘어 시민의 기본권과 민주주의 원칙을 침해할 수 있다는 우려를 불러일으켰다. 이에 따라 EU는 기술 혁신을 장려함과 동시에 시민의 권리를 실질적으로 보호할 수 있는 법적 규범 체계의 수립을 목표로 「인공지능법」을 추진하게 되었다.

EU 「인공지능법」의 입법 과정은 유럽연합 특유의 다층적이고 절차 중심적인 방식으로 진행되었다. 2021년 유럽집행위원회가 「인공지능법」 초안을 발표한 이후, 산업계, 학계, 시민사회 등 다양한 이해관계자들이 참여하는 공공 협의가 이뤄졌고, 이를 통해 각계의 의견이 폭넓게 수렴되었다. 이러한 과정을 바탕으로 유럽의회와 EU 이사회는 각각의 입장을 반영한 수정안을 마련했으며, 2023년 12월 집행위원회 · 의회 · 이사회 간의 3자 협상을 통해 최종 타협안이 도출되었다.

이 협상 과정에서는 특히 고위험 AI의 정의 범위, 생체 인식 기술의 사용 조건, 오픈 소스 및 범용 인공지능(General-Purpose AI, GPAI)에 대한 규제 적용 여부 등이 핵심 쟁점으로 논의되었다. 각 이해 당사자의 우려와 요구를 반영하기 위해 정치적 · 법적 조정이 수차례 이뤄졌고, 이러한 다자간 협의 과정을 통해 EU 「인공지능법」은 단순한 기술 규제를 넘어, 사회적 수용성과 민주적 정당성을 확보한 법안으로 발전할 수 있었다.

이처럼 EU의 「인공지능법」은 인공지능 기술이 사회 전반에 미치는 영향을 다각도로 분석하고, 다양한 이해 관계자들과의 장기간 협의를 거쳐 마련된 제도적 성과물이라고 할 수 있다. 동시에 이 법은 기술의 자율성과 민주적 통제 사이에서 균형을 모색하려는 입법적 실험이자, EU의 복잡한 정책 결정 구조와 절차 중심의 입법 메커니즘이 실제로 작동한 대표적인 사례로 평가된다. EU 「인공지능법」은 향후 국제 사회에서 인공지능 관련 규범을 형성하는 데 실질적 기준으로 기능할 수 있다는 점에서, 법적 · 정책적 측면에서 그 의의가 크다.

유럽 「인공지능법」의 주요 내용

EU 「인공지능법」은 세계 최초로 인공지능 기술 전반에 대해 포괄적 · 수평적인 규율 체계를 마련한 법제도로, 그 핵심에는 '위험 기반 접근(Risk-based approach)'이라는 독창적인 규제 모델이 자리한다. 이 접근 방식은 AI

시스템이 내포한 사회적 위험 수준에 따라 규제 강도를 차등 적용함으로써, 기술 혁신의 촉진과 기본권 보호를 균형적으로 달성함을 목표로 한다. EU 「인공지능법」은 시스템의 위험 정도에 따라 불허 위험(Unacceptable risk), 고위험(High-risk), 제한적 위험(Limited risk), 최소 위험(Minimal risk)의 네 가지 범주로 인공지능 시스템을 분류한다.

첫째 범주인 '불허 위험 AI'는 인간의 존엄성과 기본권을 근본적으로 침해할 수 있는 시스템으로, 사용 자체가 전면 금지된다. 대표적으로 실시간 원격 생체 인식, 감정 조작을 유도하는 기술, 사회적 점수 매기기(Social scoring) 시스템 등이 이에 포함된다. 다만, 공공 안보 같은 극히 제한적인 상황에서는 예외적으로 허용될 수 있다.

둘째 범주인 '고위험 AI'는 인간의 생명, 안전, 기본권에 중대한 영향을 미칠 수 있는 시스템으로, 시장 출시 전 사전 적합성 평가를 받아야 하며, EU 내 제품 유통을 위한 CE 인증 획득도 요구된다. 또한 고품질 데이터세트 사용, 투명성과 설명 가능성 확보, 인적 감독 체계 마련, 기본권 영향 평가(FRIA) 수행, 기술 문서화, 사이버 보안 요건 충족 등 복합적인 기술・법적 요건을 충족해야 한다. 대표적으로 교육, 고용, 금융, 의료, 사법 행정, 사회 기반 시설 등 분야에서 활용되는 AI 시스템이 이에 해당하며, 범용 목적 AI(GPAI)가 고위험 용도에 사용되거나 일정 기준(예: 연산 능력)을 초과하는 경우에도 이 범주에 포함되어 별도 규제를 받는다.

세 번째 범주인 '제한적 위험 AI'는 상대적으로 위험도가 낮지만, 사용자의 인식이나 감정에 영향을 줄 수 있는 시스템으로, 대표적으로 챗봇, 감정 인식 기술, 맞춤형 광고 시스템 등이 이에 포함된다. 이 시스템을 제공하는 경우, 서비스 제공자는 사용자에게 해당 서비스가 AI에 의해 작동되고 있음을 명확히 고지해야 하며, 감정이나 의사결정에 영향을 미칠 수 있는 경우에는 추가적인 설명 의무가 부과된다.

네 번째 범주인 '최소 위험 AI'는 위험성이 거의 없거나 일상적으로 활용되는 시스템으로, 대표적으로 스팸 필터, 검색 추천 알고리즘, AI 기반 게임 등이 이에 해당한다. 이 시스템은 별도의 규제나 인증 없이 자유롭게 시장에 출시될 수 있다. 다만 EU는 이들이 사회 전반에 미칠 수 있는 장기적 영향을 고려해 향후 감시 및 평가 체계를 구축할 방침이다.

한편, 법 위반 시에는 강력한 제재가 따른다. 불허 위험 AI를 개발하거나 사용하는 경우 최대 3,500만 유로(한화 약 560억 원) 또는 전 세계 연매출의 7% 중 더 큰 금액의 과징금이 부과되며, 고위험 AI 관련 의무를 위반한 경우에는 최대 1,500만 유로(한화 약 240억 원) 또는 연매출의 3%가 부과된다. 부정확하거나 허위 정보를 제출한 경우에도 최대 750만 유로(한화 약 120억 원) 또는 연매출의 1%의 과징금이 부과된다. 다만, 중소기업과 스타트업의 경우에는 다소 완화된 기준이 적용된다.

이처럼 EU 「인공지능법」은 위험 수준에 따른 정교한 규제 설계를 통해 기술 발전과 사회적 신뢰의 조화를 도모하는 법적 장치로 기능하며, 향후 글로벌 인공지능 규범 형성에 핵심 기준으로 작용할 것으로 전망된다.

유럽 「인공지능법」의 적용 및 시사점

EU 「인공지능법」은 2024년 8월에 발효되었으며, 2027년 8월 전면 시행될 예정이다. 이 가운데 고위험 AI 시스템에 대한 핵심 규제 조항은 2026년 8월부터 적용될 예정이며, 범용 AI에 대한 별도의 규제 의무는 2025년 8월부터 본격적으로 시행된다. 한편 인간의 존엄성과 기본권을 심각하게 침해할 수 있는 금지 대상 AI 시스템의 경우, 2025년 2월부터 사용이 금지되었으며, 범용 AI 제공자에게 부과되는 일부 투명성 의무 또한 같은 해 8월부터 적용되기 시작했다.

EU 「인공지능법」은 단순히 EU 역내 기업에만 국한되지 않고, EU 시장에 제품이나 서비스를 제공하는 전 세계 모든 기업에 동일하게 적용된다. 이러한 광범위한 적용 대상으로 인해, 이 법은 사실상 국제적 효력을 갖는 기술 규범으로 평가된다. 이는 EU가 지속적으로 추진해 온 '규범의 수출(Regulatory export)' 전략이 실제로 구현된 대표적 사례로, 글로벌 인공지능 산업 전반에 걸쳐 강력한 규범적 영향력을 행사하는 법제로 평가된다.

EU 「인공지능법」은 다음과 같은 세 가지 측면에서 우리나라에 의미 있는 시사점을 던진다.

첫째, 위험 기반 차등 규제 모델의 도입 가능성이다. EU는 인공지능이 초래할 수 있는 사회적 위험 수준에 따라 규제 강도를 달리 적용하는 체계를 마련했다. 특히 고위험 AI 시스템에 대해서는 사전 적합성 평가와 CE 인증(유럽 적합성 인증, Conformité Européenne, CE Marking)을 의무화해, 일정 수준 이상의 신뢰성과 안전성을 확보하지 않으면 시장 출시 자체가 불가능하도록 규제하고 있다. 이러한 방식은 기술 혁신을 저해하지 않으면서도 공공 안전과 기본권 보호라는 공익적 가치를 실현할 수 있는 효과적인 규제 모델로 평가된다. 우리나라도 2026년 1월 시행 예정인 「인공지능기본법」을 중심으로, 향후 하위 법령 정비나 별도 입법을 통해 위험 기반 접근 방식에 입각한 차등 규제 체계를 적극 검토할 필요가 있다. 특히 의료 · 금융 · 행정 등 고위험 분야에서 AI 활용이 빠르게 확산되고 있는 만큼, 분야별 위험을 정밀하게 진단하고 이에 적합한 규제 기준을 마련하는 작업이 시급하다.

둘째, 법적 책임 주체의 명확화 및 사용자 권리 보장 체계의 정립이다. EU 「인공지능법」은 인공지능 시스템의 개발자, 제공자, 배포자, 사용자 등 다양한 주체 간의 책임 분담 구조를 명확히 규정하고 있으며, 특히 사용자가 AI 시스템을 사용하는 경우, 그 사실과 작동 원리에 대해 설명을 받을 권리를 법적으로 보장하고 있다. 이는 AI 시스템의 결정 과정이 블랙박스로 작동할 위험을 방지하고, 사용자의 알 권리와 자기 결정권을 실질적으로 보장하기 위한 중요한 규범적 기반이 된다. 우리나라에서는 알고리즘 기반 서비스가 일상생활 전반에 깊숙이 확산되고 있음에도, 사용자에 대한 정보 제공이나 설명 책임의 법적 근거는 미흡한 실정이다. 향후 사용자 권리 보호에 대한 원칙을 명문화하고, 설명 가능성 및 정보 비대칭 해소를 위한 장치를 법제화함으로써, 기술 신뢰성을 제고할 필요가 있다.

셋째, 국제 규범과의 정합성 확보를 통한 글로벌 경쟁력 유지다. EU 「인공지능법」은 EU 역내 기업뿐만 아니라, 유럽 시장에 제품이나 서비스를 제공하는 모든 해외 기업에도 동일하게 적용되며, 이로 인해 '사실상 글로벌 규범(Global de facto standard)'으로 기능하고 있다. 국내 기업이 유럽 시장은 물론, 국제적 협력 생태계 내에서 기술 경쟁력을 유지하고, AI 윤리 및 투명성 관련 요구에 능동적으로 대응하기 위해서는, EU 규범에 부합하는 제품 설계, 데이터 처리 방식, 투명성 확보 체계를 갖추는 것이 필수적이다. 이를 위해 우리나라는 EU 「인공지능법」의 규범 구조와 핵심 원칙을 적극적으로 참고하되, 단순한 모방을 넘어 국내 산업 구조, 기술 수준, 사회적 요구, 법문화적 특수성을 반영한 유연하고 실효성 있는 규제 체계를 마련할 필요가 있다. 특히, 과도한 규제 비용으로 인해 중소기업과 스타트업의 시장 진입이 제약되지 않도록 정책적 지원과 단계적 규제 적용 방안도 함께 강구해야 할 것이다.

이처럼 EU 「인공지능법」은 단순한 지역 차원의 규제를 넘어, 향후 전 세계 인공지능 법제의 방향성과 기준을 제시하는 글로벌 정책 프레임워크로 기능하고 있다. 우리나라는 기술 개발 역량 면에서는 선진국 수준에 도달했으나, 이에 상응하는 규범적 대응과 제도적 기반 구축은 아직 초기 단계에 머물러 있는 상황이다. 따라서 EU 「인공지능법」이 제시하는 규범 원칙과 국제 기준을 면밀히 분석하고, 이를 우리 사회의 법적 · 기술적 · 사회적 맥락에 맞게 유연하게 수용 · 변용해, 책임 있는 AI 활용과 실효성 있는 규제 체계를 정립해 나가야 할 것이다.

참고문헌

박강민 외(2024.7.30). "유럽연합 인공지능법(EU AI Act)의 주요내용 및 시사점". 소프트웨어정책연구소. 《SPRI 이슈리포트》, 15(176), https://www.spri.kr/posts/view/23764?code=data_all

손영화(2022). "EU AI 규칙안상의 허용할 수 없는 위험의 AI 시스템에 대한 고찰". 《법학연구》, 25(3), 275-315쪽, https://www.kci.go.kr/kciportal/ci/sereArticleSearch/ciSereArtiView.kci?sereArticleSearchBean.artiId=ART002879049

이재목(2024). "유럽연합 인공지능법(AI Act) 최종안의 주요 내용과 입법적 시사점". 《과학기술과 법》, 15(1), 125-151쪽, https://www.kci.go.kr/kciportal/ci/sereArticleSearch/ciSereArtiView.kci?sereArticleSearchBean.artiId=ART003100677

정윤경(2024). "유럽연합 인공지능법(EU AI Act) 제정의 저작권법적 시사점". 《IP & Data 法》, 4(2), 71-109쪽, https://www.kci.go.kr/kciportal/ci/sereArticleSearch/ciSere

ArtiView.kci?sereArticleSearchBean.artiId=ART003152336

Elmgart, N. J.(2024). *Navigating the EU AI Act: The annotated regulation*. Independently Published.

EU. Official Journal of the European Union(2024). Regulation (EU) 2024/1689 of the European Parliament and of the Council of 13 June 2024 laying down harmonised rules on artificial intelligence(Artificial Intelligence Act), https://eur-lex.europa.eu/eli/reg/2024/1689/oj/eng

Vemula, A.(2024). *EU AI Act explained: A guide to the regulation of artificial intelligence in Europe*. Independently Published.

03
일본의 인공지능 규제 로드맵과 주요 내용

일본은 인간 중심의 가치를 바탕으로 AI 윤리 원칙을 수립하고, 자율 규제와 법제화를 통해 이를 제도화해 왔다. 2025년 제정된 「인공지능 연구개발 및 활용촉진법」을 기반으로, AI 전략 센터 설립과 기본 계획 수립을 통해 정부 주도의 정책 리더십을 강화하고 있다. 이는 자율적이고 유연한 거버넌스를 지향하며 투명한 협력 체계 구축을 목표로 한다.

인공지능과 편향?

AI 윤리 원칙과 자율 규제 지침

일본은 인공지능 기술에 관한 규제 정책 수립에 기술의 효율성과 산업 진흥뿐만 아니라 인간 중심의 가치와 사회적 신뢰를 함께 고려하는 가치 기반 접근(Value-based approach)을 일관되게 유지해 왔다. 이는 AI를 단순한 기술로 보지 않고, 사회적 · 윤리적 맥락에서 통제하고 운용할 수 있는 제도적 기반을 구축하려는 방향으로 이어진다는 점에서, 기술 중심의 규제 모델을 채택한 타 국가와 구별되는 일본만의 특징이라 할 수 있다.

이러한 정책 기조는 2019년 3월 일본 내각부가 발표한 "인간 중심 AI 사회를 위한 사회적 원칙(人間中心のAI社会原則)"을 통해 본격화되었다. 이는 일본 정부가 AI의 윤리적 · 사회적 책임을 공식적으로 천명한 최초의 정책 선언문으로, 이후 일본의 AI 정책 전반에 중요한 이정표로 자리 잡았다. 해당 원칙은 ▲AI 기술은 인간의 존엄(Dignity)을 중심으로 설계되어야 하며, ▲모든 사회 구성원이 차별 없이 포용(Inclusion)되어야 하고, ▲현재뿐 아니라 미래 세대까지 고려하는 지속 가능성(Sustainability)을 보장해야 한다는 세 가지 핵심 가치를 바탕으로 하고 있다.

나아가 일본 정부는 이러한 철학에 기반해 일곱 가지

실천 원칙도 함께 제시했다. 구체적으로는 ① 인간 중심성, ② 교육과 정보 이해 능력 향상, ③ 개인정보 보호, ④ 보안성 확보, ⑤ 공정 경쟁의 유지, ⑥ 공정성 · 책임성 · 투명성의 보장, ⑦ 혁신의 촉진이다. 이 원칙들은 AI 기술의 개발과 활용 전 과정에서 고려되어야 할 핵심 기준으로, 기술이 인간의 삶을 실질적으로 향상하는 방향으로 나아가도록 유도하는 역할을 수행하고 있다.

또한 이러한 윤리 원칙은 단순한 선언에 그치지 않고, 실제 정책에 반영되기 위해 일련의 제도화 과정을 거쳐 구체화되었다. 일본은 특히 AI를 강제적 규제로 통제하기보다는, 행정 지침인 '소프트 로(Soft law)'를 중심으로 정책을 설계하는 방식을 채택했다. 이러한 접근은 기술 변화 속도가 빠른 AI 환경에서 경직된 규제의 한계를 회피하면서도, 책임성과 투명성을 일정 수준 확보할 수 있는 유연한 규율 방식으로 평가받고 있다.

한편, 2024년 이후 일본의 경제산업성(経済産業省), 총무성(総務省), 내각부(内閣府) 등 주요 부처가 협력해 AI 관련 자율 지침들을 공동으로 제정해 왔다. 이러한 지침들은 정부가 제시한 윤리 원칙을 민간 부문에서 실질적으로 이행할 수 있도록 지원하는 수단으로 기능하며, AI 사업자들이 자율적으로 이를 내부 규범에 반영하고 실천할 수 있는 제도적 기반을 마련하는 역할을 하고 있다.

민간 기업들 역시 이러한 자율 규제 모델에 대해 높은 수용성을 보이고 있다. 일본의 주요 ICT(정보통신기술) 및 AI 기업들은 정부 지침을 바탕으로 자체 윤리 헌장과 내부 통제 시스템을 구축하고 있으며, 일부 기업은 외부 이해관계자와의 협의 구조를 마련해 설명 가능성과 책임성 강화를 위한 노력을 지속하고 있다. 이는 외부의 강제 규제 없이도 일정 수준의 공공성과 투명성을 확보할 수 있음을 보여 주는 사례로, 일본의 자율 규제 모델이 실제적으로 성과를 내고 있음을 시사한다.

이처럼 일본은 인간 중심 철학을 바탕으로 윤리 원칙을 정립하고, 이를 유연하면서도 실효성 있는 자율 지침으로 구체화한 구조적 정책 모델을 제시하고 있다.

AI 로드맵의 단계별 추진 전략

일본은 인공지능 정책 수립에 단계적 전략을 바탕으로 기술 혁신과 공공 책임 간의 균형을 도모해 왔다. 2016년에는 "제5기 과학기술 기본 계획(第5期科学技術基本計画)"을 수립하면서 AI를 국가 전략 기술로 지정하고, "소사이어티 5.0(Society 5.0)" 구상을 통해 AI 연구 개발 및 활용의 기반을 체계적으로 구축했다. 이 시기는 기술 중심 정책이 본격적으로 전개된 초기 단계로, AI의 경제 · 사회적 잠재력을 국가 혁신의 동력으로 삼으려는 접근이 두드러진다.

2019년 일본 내각부는 "인간 중심 AI 사회를 위한 사회적 원칙(人間中心のAI社会原則)"을 발표하며 AI 정책의 방향성에 중대한 전환점을 마련했다. 이 원칙은 인간 존엄성, 포용성, 지속 가능성 등 사회적 가치를 중심에 두고 AI 기술이 운용되어야 함을 강조하며, 기술 중심의 접근을 넘어 가치 기반(Value-based) 정책 프레임워크를 정립하는 계기가 되었다.

이러한 원칙을 토대로, 2023년부터는 금융, 의료, 광고 등 사회적 영향력이 큰 고위험 분야를 중심으로 정책 조정이 본격화되었다. 일본 정부는 AI가 인간의 권리와 안전에 직접 영향을 미칠 수 있는 분야에 대해 보다 엄격한 관리가 필요하다는 인식 아래, 알고리즘 감시 체계 강화, 데이터 거버넌스 정비, 개인정보 보호 기준 고도화 등의 조치를 추진했다. 이는 AI 기술의 공공성과 사회적 수용성을 제고하려는 정책 전환의 일환으로 평가된다.

이러한 흐름은 자율 규범 체계의 재정비로 이어져, 2024년 이후에는 경제산업성, 총무성, 내각부 등이 협

력해 "AI사업자 가이드라인(AI事業者ガイドライン)"을 포함한 다양한 자율 지침을 공동으로 발표하게 된다. 이들 지침은 설명 가능성, 책임성, 투명성 등 핵심 가치를 실질적인 운영 원칙으로 반영하고 있으며, "G7 히로시마 AI 프로세스(G7広島AIプロセス, Hiroshima AI Process)" 등 국제 기준과의 정합성도 유지하고 있다. 특히 일본은 강제적 법 규제보다는 민간의 자율성과 내부 규범화를 유도하는 방식을 택함으로써, 기술 혁신을 저해하지 않으면서도 공공성을 확보하는 균형 잡힌 정책 방향을 구축하고자 했다.

그 결과, 2025년 6월 일본 정부는 「인공지능 관련 기술의 연구개발 및 활용추진에 관한 법률(人工知能関連技術の研究開発及び活用の推進に関する法律)」을 공포하며, AI 정책의 제도화를 본격적으로 실현하게 되었다. 이 법은 총 4장 28조로 구성되며, 내각부 산하에 '인공지능 전략본부(人工知能戦略本部)'를 설치해 정책의 중앙 집중적 조정 체계를 구축했다. 또한 위험 기반 접근(Risk-based approach)에 따라 AI 활용 분야별로 규제 강도를 차등화하고, AI 사업자에게는 처벌이 아닌 '협력 의무'만을 부과하는 유연한 규율 모델을 채택했다. 이러한 체계는 경직된 규제가 아닌 유연한 조정과 실질적 책임을 중시하는 일본 특유의 거버넌스 철학, 즉 '애자일 거버넌스(アジャイル・ガバナンス)'를 반영한 것으로 해석된다.

이처럼 일본의 AI 정책은 기술 중심의 초기 단계에서 출발해, 윤리 원칙의 정립, 자율 규범의 확산, 법제화를 통한 제도 기반 마련의 과정을 거쳐 포괄적이고 통합적인 정책 체계로 발전해 왔다. 이러한 단계적 로드맵은 AI 기술 발전과 함께 사회적 신뢰와 공공 책임을 실현하고자 하는 일본 정부의 정책적 의지와 방향성을 잘 보여 주는 사례라 할 수 있다.

글로벌 AI 규범과의 조화 및 시사점

일본은 AI 기술의 규범 형성에 기술 혁신을 저해하지 않으면서도 사회적 책임을 구현하려는 균형 중심의 규율 전략을 일관되게 유지해 왔다. 이러한 전략은 강제 규제를 전면에 내세우기보다, 자율성과 협력에 기반한 다층적 거버넌스 체계를 통해 국내 정책의 유연성과 국제 사회와의 정합성 확보를 동시에 추구하는 데 중점을 둔다. 일본의 접근은 미국의 시장 자율 모델과 유럽연합의 강경 규제 모델(EU 「인공지능법」) 사이에서, '애자일 거버넌스'라는 제3의 길을 모색하는 형태로 나타났다.

애자일 거버넌스는 정부, 기업, 시민사회가 공동으로 규범을 설계하고, 기술 발전 속도에 탄력적으로 대응할 수 있도록 고안된 유연한 규제 구조다. 이는 일본이 오랜 기간 축적해 온 '소프트 로' 중심의 규율 방식과 밀접하게 연계되어 있으며, 경직된 법령 중심의 규제보다는 상황에 따른 맞춤형 정책 대응을 지향한다.

이러한 전략은 국제 무대에서도 구체적으로 구현되고 있다. 2023년 G7 히로시마 정상회의(G7広島サミット)를 계기로, 일본은 "히로시마 AI 프로세스"를 주도적으로 출범시켰다. 이 프로세스는 생성형 AI를 포함한 고도 AI 시스템의 윤리적 · 사회적 위험에 대응하기 위한 국제 협력 프레임워크로, 안전성, 투명성, 설명 가능성, 책임성 등 핵심 원칙을 공유하며, 자율 규범을 기반으로 한 글로벌 행동 강령(Code of Conduct) 수립을 추진하고 있다. 이 프레임워크는 각국의 법체계와 자율성을 존중하면서도, 공통된 윤리 기준에 기반한 국제 협력의 실질적 기반을 마련하려는 시도라는 점에서 주목된다.

"히로시마 AI 프로세스"는 이후 OECD(경제개발협력기구), GPAI(Global Partnership on AI, 글로벌 인공지능 협의체) 등 주요 국제기구와 연계되어, 고위험 AI에 대한 공동 대응 기조를 지속적으로 확대해 나가고 있다.

일본은 이를 통해 “단일 금지 중심의 규제보다는 책임 기반 자율 규제(Responsibility-based self-regulation)”라는 실용적 대안을 국제 사회에 제시하며, 글로벌 AI 거버넌스의 중재자이자 조율자로서의 입지를 강화하고 있다.

이처럼 일본의 AI 규범 전략은 자율 규제와 국제 정합성을 조화롭게 실현하는 다층적이고 실용적인 거버넌스 모델로 자리 잡아 가고 있다. 일본은 법령 중심의 경직된 규제보다는 민간의 자율성과 사회적 합의에 기반한 협력적 접근을 통해 기술 변화에 유연하게 대응하고 있으며, 생성형 AI와 고위험 AI 분야에서는 글로벌 규범 형성을 주도하는 핵심 국가로 부상하고 있다. 이러한 전략은 각국의 AI 정책 설계에 실현 가능성과 균형을 겸비한 모범 사례로 평가되고 있다.

이러한 일본의 전략은 우리나라에도 여러 측면에서 중요한 시사점을 제공한다. 우선, 기술 혁신과 공공 책임의 조화를 실현하기 위해서는, 강제 중심의 일률적 규제보다는 자율성과 협력을 기반으로 한 단계적 규율 전략이 보다 효과적일 수 있음을 보여 준다. 또한 AI 정책의 국제 정합성 확보가 국내 산업의 경쟁력과 직결된다는 점에서, 우리 법제는 글로벌 논의 동향과 규범 구조를 면밀히 반영해 설계될 필요가 있다. 아울러 정부가 중앙 집중적 통제를 강화하기보다는, 민간 · 학계 · 시민사회 등 다양한 이해관계자와 분산형 · 참여형 거버넌스 구조를 구축하는 방식이 기술 수용성과 사회적 신뢰를 높이는 데 더 효과적이라는 점도 주목할 만하다.

따라서 우리나라도 향후 「인공지능기본법」과 관련 하위 법령을 정비하는 과정에서, 일본의 사례를 참고해 자율성과 투명성에 기반한 다층적 거버넌스 체계를 구축하고 국제 협력에도 능동적으로 참여함으로써, AI 산업의 지속 가능한 성장과 글로벌 규범 형성에 기여할 수 있는 균형 잡힌 정책 전략을 마련해야 할 것이다.

참고문헌

대한무역투자진흥공사(KOTRA)(2024.4.8). "일본의 AI 정책과 실제 사례". 《Global Issue Monitoring》.
https://dream.kotra.or.kr/kotranews/cms/news/actionKotraBoardDetail.do?SITE_NO=3&MENU_ID=290&CONTENTS_NO=1&bbsGbn=464&bbsSn=464&pNttSn=214123

오연주(2022.12). "주요국 인공지능(AI) 전략 분석(하): 중국, EU 및 회원국, 호주, 일본, 인도를 중심으로".
한국지능정보사회진흥원(NIA). IT & Future Strategy 보고서, 1-98쪽,
https://www.dbpia.co.kr/journal/articleDetail?nodeId=NODE12138041

조경희(2025.6.10). “일본의 인공지능(AI) 개발·활용 추진 입법례”. 《최신 외국입법정보》, 273, 1-8쪽, https://dl.nanet.go.kr/detail/KINX2025099227

한국과학기술기획평가원(2024.6.21). “일본, AI 전략의 과제 및 생성형 AI 관련 아젠다 논의”. 《과학기술&ICT 정책·기술 동향》, 265, 22-23쪽, https://www.msit.go.kr/bbs/view.do?sCode=user&nttSeqNo=3167309&pageIndex=&searchTxt=&searchOpt=ALL&bbsSeqNo=80&mId=101&mPid=100

内閣府(2025.6.4). “人工知能関連技術の研究開発及び活用の推進に関する法律（AI法)”. https://www8.cao.go.jp/cstp/ai/index.html?utm_source=chatgpt.com

羽深宏樹(2025.1.2). “特集日本社会のDXと法：アジャイル・ガバナンスの概要とその国内外での実装 － AI規制を題材に”. 《法律時報》, 1212, https://www.morihamada.com/ja/insights/publications/111081

外務省(2025.4.2). “AIに係る国際ガバナンスの構築”. https://www.mofa.go.jp/mofaj/ecm/st/pagew_000001_01551.html

e-Gov 法令検索(2025.6.4). “人工知能関連技術の研究開発及び活用の推進に関する法律” https://laws.e-gov.go.jp/law/507AC0000000053

Wright, James(2023.11). The Development of AI Ethics in Japan: Ethics-washing Society 5.0?. *EAST(East Asian Science Technology and Society an International Journal),* 18(3),

pp.1-18,
https://www.easts-journal.com/articles/the-development-of-ai-ethics-in-japan-ethics-washing-society-5-0

04
중국의 인공지능 규제 체계

중국은 인공지능을 국가 핵심 전략으로 채택하고 기술 발전을 촉진하는 한편, 법제화와 통제를 병행하는 이중 전략을 추진해 왔다. 특히 2023년에는 「생성형 인공지능 서비스 관리 임시조치」를 시행하고, '모델 등록제'를 도입함으로써 생성형 AI에 대한 규율 체계를 본격화했다. 이어 2025년에는 콘텐츠 라벨링 의무화, 기술 오남용 방지 조치 등 후속 규정을 통해 집행력과 규제의 실효성을 한층 강화하고 있다.

청각장애인과 AI?

국가 전략 수립과 AI 정책 원칙

중국의 인공지능 규제 체계는 단순한 기술 관리 차원을 넘어, 정치 · 경제 · 사회 전반을 포괄하는 국가 전략이자 통치 수단으로 기능해 왔다. 그 출발점은 2017년 7월 중국 국무원이 발표한 「차세대 인공지능 발전계획(新一代人工智能发展规划)」으로, 이는 중국이 AI 분야에서 세계적인 강국으로 도약하겠다는 비전을 처음으로 명확히 제시한 종합 전략이었다. 해당 계획은 2020년까지를 기술 기반 조성과 제도 정비의 초기 단계로 설정했으며, 중국 정부는 이 시기 AI를 경제 성장의 핵심 엔진이자 사회 통제 수단으로 적극 활용하고자 했다. 이에 따라 기술 개발을 전략적으로 지원하는 동시에, 윤리적 · 사회적 통제를 병행하는 이중 정책 기조를 확립함으로써, AI를 국가 전반의 거버넌스 체계에 본격적으로 통합해 나가기 시작했다.

이러한 기조 아래, 당시 중국의 인공지능 규율 체계는 네 가지 핵심 축을 중심으로 전개되었다.

첫째, 산업 육성 측면에서 중국 정부는 바이두(百度一下, Baidu), 알리바바(阿里巴巴, Alibaba), 텐센트(腾讯, Tencent), 아이플라이텍(科大讯飞, iFlytek) 등 주요 민간 플랫폼 기업을 'AI 국가대표 기업군(国家队)'으로 지정하고, 전략적 자금 지원과 기술 인프라 구축을 병행했다. 아울러 공공 데이터 개방, 5G 및 IoT 기반 인프라 투자, 스마트시티 조성, 공공 안전 시스템 개발 등을 위한 민관 협력 프로젝트를 전국적으로 추진했다.

둘째, 데이터 주권 강화를 위한 법적 기반을 마련했다. 2017년 시행된 「사이버보안법(网络安全法)」은 '데이터 국지화(Data localization)' 원칙을 명문화해, 중국 내에서 수집된 개인정보 및 중요 데이터는 반드시 국내에 저장하고, 국외 이전 시에는 정부의 보안 심사를 받도록 규정했다. 이는 이후 제정된 「데이터보안법(数据安全法)」과 「개인정보보호법(个人信息保护法)」의 제도적 기반이 되었다.

셋째, AI 윤리 규범의 정립도 병행했다. 중국 정부는 AI 기술이 사회주의 핵심 가치(Core Socialist Values)에 부합해야 한다는 원칙을 천명하고, 설계부터 학습, 배포, 상용화에 이르기까지 AI의 전 주기를 규제 대상으로 설정했다. 이러한 기조 아래, 2022년 말 사이버공간관리국(CAC) 등 관계 당국은 심층 합성(Deep Synthesis) 기반 합성 콘텐츠에 대한 규제 조항을 마련했으며, 해당 규정은 2023년 1월부터 시행되었다.

넷째, 지식재산권과의 연계도 함께 논의하기 시작했

다. 2019년 국가지식산권국(CNIPA)은 "AI 및 빅데이터 관련 지식재산권 보호 방안(人工智能與大數據相關知識產權保護方案)"을 통해 알고리즘의 특허 가능성, 데이터세트의 저작권 보호, AI 창작물의 권리 귀속 문제 등을 정책 의제로 공식화했다. 이는 AI 기술 발전과 지식재산 제도 사이의 충돌 가능성에 대비한 제도적 대응의 출발점이 되었다.

중국 초기 AI 정책의 가장 두드러진 특징은 성급한 법제화보다는 정책 방향 제시와 실험적 규제 도입에 초점이 맞춰졌다는 점이다. 대부분의 규범은 법률이 아닌 권고안이나 행정 지침의 형태로 제시되었으며, 정부 부처, 국영 연구 기관, 대학, 민간 기업 등이 협력해 시범적 규율 모델을 공동으로 구축해 나갔다. 이러한 유연한 접근 방식은 기술 발전 속도와 사회 변화에 기민하게 대응할 수 있다는 점에서 강점을 갖는다. 이는 이후 실정법 제정과 제도적 장착을 위한 기반을 마련하는 데에도 중요한 역할을 했다.

AI 법·제도 기반 조성 및 체계 정비

중국은 2021년을 기점으로 인공지능 및 데이터 분야에 대한 본격적인 법제 정비에 착수하며, 점진적으로 규제 체계를 구축해 나갔다. AI 기술의 고도화, 데이터 산업의 급속한 성장, 개인정보 침해에 대한 우려가 동시에 제기되는 상황에서, 중국 정부는 법률 중심의 제도화 전략을 통해 이러한 문제에 대응하고 국가 통제력을 강화하려는 분명한 정책 방향을 제시했다.

그중에서도 가장 주목할 만한 진전은 2021년에 제정된 두 개의 핵심 법률, 즉 「데이터보안법」과 「개인정보 보호법」이다.

먼저, 「데이터보안법(数据安全法)」은 2021년 6월 전국인민대표대회 상무위원회를 통과해 같은 해 9월부터 시행되었다. 이 법은 데이터를 '일반', '중요', '핵심'으로 구분하고, 중요 및 핵심 데이터에 대해서는 국내 저장 의무, 국외 이전 제한, 고도화된 보안 조치 이행 등을 명시함으로써, 데이터를 국가 전략 자산으로 보고 정부가 이를 직접 관리 · 감독하겠다는 강한 정책적 의지를 드러냈다.

이어 제정된 「개인정보보호법(个人信息保护法)」은 2021년 8월에 채택되어 같은 해 11월부터 시행되었으며, 중국 최초의 포괄적 개인정보 보호법으로 평가된다. 이 법은 EU의 「GDPR(General Data Protection Regulation, 일반 데이터 보호 규정)」과 유사한 체계를 따르면서도,

공공 안전을 중시하는 중국 특유의 규범 원칙을 반영하고 있다. 개인정보의 수집, 이용, 이전 등 전 과정에 명확한 법적 근거를 요구하며, 정보 주체에게 동의 · 열람 · 삭제 등의 권리를 부여한다.

이러한 법체계는 단순한 권리 보호에 그치지 않고, AI 및 데이터 기술 전반에 대한 국가 차원의 통제 메커니즘을 제도화하는 데 중점을 두고 있다. 특히 데이터 저장 위치, 처리 주체의 책임, 국외 이전 요건 등을 명문화함으로써, 글로벌 데이터 흐름 속에서 자국의 정보 주권과 제도적 자율성을 강화하려는 전략적 의도가 뚜렷하게 나타난다.

사이버공간관리국(CAC)은 알고리즘 기술에 대한 규제 프레임 구축에도 박차를 가했다. 2021년 11월 「네트워크 데이터 보안관리 규정(초안)(网络数据安全管理条例)」을 통해 중요 데이터의 정의, 처리 책임, 국가 보안 평가 절차를 구체화했으며, 2022년 3월에는 「인터넷 정보 서비스 알고리즘 추천 관리규정(互联网信息服务算法推荐管理规定)」을 시행해 알고리즘의 책임성, 공정성, 차별 방지, 투명성 확보 등을 의무화했다. 이 규정은 알고리즘의 '블랙박스화'를 방지하고, 사용자에게 거부권을 부여함으로써 사회적 신뢰 확보를 목표로 한다.

2023년 1월에는 심층 합성 기술과 생성형 AI에 대한 규제를 본격화했다. CAC는 「합성 기술 관리 규정(合成类技术管理规定)」을 시행해 관련 기술의 사전 등록 및 정보 표시를 의무화했고, 생성형 AI의 확산에 따른 위험을 선제적으로 통제하고자 했다. 기술의 투명성과 콘텐츠 생성 책임을 제도화한 이 조치는 중국식 AI 통치 모델을 구체화하는 계기가 되었다.

이처럼 중국은 AI 윤리 규범을 정립한 이후, 가이드라인 중심의 초기 단계에서 법률과 행정 규제를 통한 통제 체계로 점차 전환해 나갔다. 이러한 접근 방식은 기술 발전에 유연하게 대응함과 동시에, 데이터 보안, 알고리즘의 투명성, 개인정보 보호 등 다양한 위험 요소에 선제적으로 대응했다는 측면에서 긍정적으로 평가할 수 있다. 아울러 이러한 규범 체계의 정비는 중국식 AI 거버넌스를 구체화하고 제도적으로 정착시키는 데 중요한 전환점이 되었다.

생성형 AI 대응 및 지식재산권 연계 강화

중국은 2023년 이후 생성형 AI의 급속한 확산에 대응해, 기존 제도 정비를 넘어 규제 집행력을 강화하고, 지식재산권 보호 체계와의 연계를 심화하는 방향으로 AI 통치 체계를 전환하고 있다. 이는 콘텐츠 생산, 유통, 여론 형성 등 사회 전반에 걸쳐 AI 기술의 영향력이 확대되는 현실 속에서, 기술 혁신을 수용하면서도 사회적 · 법적 위험을 통제하려는 전략적 접근으로 이해된다.

이러한 정책 기조를 보여 주는 대표적 예가 2023년 8월 시행된 「생성형 인공지능 서비스 관리 임시조치(生成式人工智能服务管理暂行办法)」다. 이 조치는 국가인터넷정보판공실(CAC), 공업정보화부(MIIT), 공안부(MPS) 등 주요 부처가 공동으로 제정한 행정 규범으로, 생성형 AI 서비스를 제공하는 기업에 대해 모델의 성능, 안전성, 정보 필터링 기능 등을 사전 심사받고 등록하도록 의무화했다. 특히 '공공질서의 유지'와 '사회주의 핵심 가치의 수호'가 기본 원칙으로 명시되면서, 서비스의 활용 목적과 사회적 영향까지 규제 범위에 포함되었다.

이와 함께 도입된 AI 모델 등록제는 위 감독 체계의 핵심 수단으로 작용하고 있다. CAC는 모델 구조, 알고리즘 원리, 학습 데이터 출처, 검열 기능 포함 여부 등을 문서화해 등록하도록 요구하며, 이를 통해 법적 책임 주체를 명확히 하고 감독 권한을 강화하고 있다. 이는 기존의 자율 규제 방식을 넘어, 사전 검열과 허가제를 기반으로 한 정부 중심의 감독 체계를 제도적으로 정착시키려는 움

직임으로 해석된다.

이어 중국은 2025년 9월부터 「생성형 인공지능 생성 콘텐츠 식별 관리 규정(生成式人工智能生成内容标识管理规定)」을 시행해 텍스트 · 이미지 · 오디오 · 영상 등 다양한 콘텐츠에 대해 명시적(Label) 또는 암묵적(Watermark) 라벨링을 의무화할 예정이다. 눈에 띄는 표시(显著标识) 또는 기계 판독 가능한 디지털 표식(隐性标识)을 통해 AI 생성물임을 명확히 밝히고, 사용자 및 플랫폼의 책임 소재를 분명히 하려는 취지다. 이는 AI 오남용 방지와 공공질서 유지, 사회적 신뢰 확보 등을 주요 목적으로 한다.

한편, 중국 법조계에서는 '인간 개입 여부'와 '창작성 판단 기준'을 중심으로 AI 생성물의 법적 보호 가능성에 대한 논의가 활발히 전개되고 있다. 이러한 논의는 실제 판례를 통해 점차 구체화되고 있다. 2023년부터 중국 법원은 일정 수준 이상의 인간 개입과 창작성이 있는 경우 AI 생성물에 저작권 보호를 인정하기 시작했다. 2024년 2월, 광저우 인터넷 법원은 AI가 생성한 울트라맨(Ultraman) 이미지 사건에서 플랫폼의 침해 방지 의무 위반을 근거로 중국 최초로 기여 침해 책임(Contributory Infringement)을 인정했다. 이어 9월 항저우 인터넷 법원은 울트라맨 로라(Ultraman LoRA) 모델 생성 사건에서, 플랫폼이 사용자 입력을 단순히 전달했더라도, 합리적 주의 의무(Reasonable Duty of Care)를 다하지 않았다면 법적 책임이 성립할 수 있다고 판시했다.

이처럼 중국은 생성형 AI 확산에 따른 다양한 사회적·법적 리스크에 선제적으로 대응하기 위해, 기술 규제와 지식재산권 보호를 아우르는 다층적 규제 체계를 구축해 나가고 있다. 이는 AI 기술을 단순히 통제의 대상이 아닌, 국가 전략과 디지털 거버넌스 실현을 위한 핵심 수단으로 활용하려는 중국의 정책 기조를 반영한다. 향후 국제 사회의 AI 거버넌스 논의에서도 하나의 주요 참조 사례로 평가될 수 있을 것이다.

참고문헌

법률신문(2024.6.10). "중국의 AI 관련 법률 규제 현황", https://www.lawtimes.co.kr/LawFirm-NewsLetter/198930

안젤라 후웨 장(2024.11.30). "중국 인공지능 규제의 잠재력과 위험성". *Artificial intelligence law issue brief*, 20, https://www.klri.re.kr/kor/issueData/B/905/view.do

이정아(2025.3). "중국의 인공지능(AI) 정책전략 현황과 변화 방향 - AI 대국으로 도약하기 위해 중국은 어떻게 변화하고 있는가?". 한국지능정보사회진흥원(NIA). 《The AI Report》, 2025(1), https://dl.nanet.go.kr/detail/NONB12025000002221

21经济网(2024.2.26).
“独家丨AI画出奥特曼：中国法院作出全球首例生成式AI服务侵犯著作权的生效判决”.
https://www.21jingji.com/article/20240226/herald/133a6c2f9c0b045899e4dea10c5778eb.html
中央网络安全和信息化委员会办公室(사이버공간관리국, CAC)(2023.7.13). “生成式人工智能服务管理暂行办法”, https://www.cac.gov.cn/2023-07/13/c_1690898327029107.htm
中央网络安全和信息化委员会办公室(사이버공간관리국, CAC)(2025.3.14). “关于印发‘人工智能生成合成内容标识办法’的通知”, https://www.cac.gov.cn/2025-03/14/c_1743654684782215.htm
中华人民共和国国务院(2025.3.16). “强化全流程管理 引导技术向善 —‘人工智能生成合成内容标识办法’解读”, https://www.gov.cn/zhengce/202503/content_7014281.htm

05
우리나라 「인공지능 기본법」의 제정 경과와 주요 내용

우리나라 「인공지능 기본법」은 2025년 1월에 제정되어, 2026년 1월부터 시행될 예정이다. 이 법은 총 6장 43개 조문으로 구성되어 있으며, 인공지능 기본 계획의 수립, 기술 개발과 산업 진흥, 윤리 및 신뢰성 확보 등의 내용을 주요 골자로 한다. 이는 우리나라 최초의 인공지능 일반법으로서, 기술 발전에 체계적으로 대응할 수 있는 제도적 기반을 마련했다는 점에서 중요한 의의를 가진다.

AI 콘텐츠 크리에이터?

「인공지능 기본법」의 제정 배경 및 추진 경위

우리나라는 AI 기술의 급속한 발전과 그로 인한 사회 전반에 걸친 영향력의 확대에 따라, 기존의 법과 제도로는 충분히 대응하기 어려운 새로운 법적, 제도적 과제에 직면하고 있다. 특히 2023년을 전후로 챗GPT, 미드저니, 클로드 같은 첨단 AI 서비스가 전 세계적으로 빠르게 보급되면서, 인공지능은 단순한 기술적 도구의 역할을 넘어 콘텐츠 생산, 정보 유통, 나아가 의사 결정 과정에도 깊이 관여하는 주체로 부상했다. 이로 인해 AI가 만들어내는 결과물의 법적 지위, 책임 소재, 사회적 파급력 등에 관한 규범적 공백이 본격적으로 드러났고, 이에 대응하기 위한 국가 차원의 통합적 규율 체계 필요성이 강하게 제기되었다.

특히 생성형 AI의 확산은 개인정보, 저작권, 표현의 자유, 알고리즘 윤리 등 다양한 법적·사회적 영역에서 새로운 충돌과 혼란을 야기했다. 예를 들어, AI 학습 과정에서의 개인정보 수집·활용의 정당성, 생성물에 대한 저작권 보호 및 권리 귀속 문제, 알고리즘 편향으로 인한 차별 가능성, 책임 주체의 불명확성, 딥페이크와 허위 정보의 확산 등이 주요 쟁점으로 제기되고 있다. 나아가 창작 주체의 판단, 권리 귀속, 보호 범위 등에 관한 종래의 법적 개념이 AI 환경에서는 제대로 작동하지 않는 사례가 잇따르면서, 공공질서와 민주주의의 기반을 위협할 수 있다는 우려도 제기되었다. 그런데 이러한 복합적인 문제들은 서로 긴밀히 얽혀 있어, 기존의 개별 법률 체계만으로 이를 일관되게 규율하는 데에는 한계가 존재한다. 이에 AI 기술의 자율적인 발전을 존중하면서도 사회적 책임과 규범적 통제를 함께 실현할 수 있는 제도적 기반을 마련해야 한다는 요구가 점차 확산되었다.

이러한 입법의 필요성은 국제 사회에서도 공통적으로 인식되었다. 유럽연합은 「인공지능법」을 최종 승인하며, 생성형 AI에 대해서는 투명성 확보와 출력물에 대한 라벨링 의무를, 고위험 AI에 대해서는 사전 승인 및 감독 의무를 부과함으로써 기술 혁신과 기본권 보호 간의 균형을 도모하고자 했다. 그리고 미국은 자율 규범 중심의 접근 방식을 취해, 대통령 행정 명령과 연방 기관별 가이드라인을 통해 인공지능의 책임성과 리스크 관리 체계를 강화했다. 일본 역시 '애자일 거버넌스' 원칙을 기반으로 생성형 AI에 대한 가이드라인과 알고리즘 투명성 확보 정책을 수립하고, 민간 주도의 유연한 대응 체계를 점차 갖춰 나갔다. 이처럼 주요국이 AI 규범 정비에 속도를 내고 있는 가운데 우리나라 역시 기술 주권 확보, 산업 경쟁력 강화, 국제 규범과의 정합성 확보를 위한 독자적인 법제 마련이 요구되는 시점에 도달했다.

이러한 배경 속에서 정부와 국회를 중심으로 인공지능 관련 법 제정을 위한 입법 논의가 본격화되었다. 과학기술정보통신부는 2024년 「인공지능 기본법」 제정을 핵심 과제로 삼고, 이에 따른 하위 법령과 정책 체계 마련에 착수했다. 제22대 국회는 2020년 7월 첫 의원 입법 이후 발의된 총 19건의 인공지능 관련 법안을 하나로 통합해, 단일 제정안으로 조율했다. 소관 상임위원회인 국회 과학기술정보방송통신위원회는 학계, 산업계, 시민사회의 다양한 의견을 폭넓게 수렴하고, 공청회와 간담회 등을 통해 법률의 체계와 방향성을 구체화해 나갔다. 그 결과 「인공지능의 발전과 신뢰 기반 조성 등에 관한 기본법」(약칭 「인공지능 기본법」)이 2024년 말 국회 본회의를 통과했으며, 2025년 1월 공포되어 2026년 1월부터 시행을 앞두고 있다. 이를 통해 우리나라는 인공지능 기술 전반에 대응할 수 있는 국가적 규범 체계를 갖추게 되었으며, 기술 진흥과 위험 관리를 조화롭게 아우르는 종합적인 법적 기반을 마련하게 되었다.

「인공지능 기본법」의 주요 내용과 체계

「인공지능 기본법」은 AI 기술의 급속한 발전에 따른 사회적 · 법적 문제에 대응하고, 산업 진흥과 국민 보호의 조화를 목표로 제정된 우리나라 최초의 인공지능 관련 일반법이다. 이 법은 총 6장 43조로 구성되며, 상위 수준에서 포괄적인 원칙을 제시하고, 구체적인 규율은 분야별 하위 법령에 위임하는 '원칙 중심 상위법-세부 규제 하위법' 구조를 채택하고 있다. 이 법의 주요 내용으로는 인공지능의 정의와 기본 원칙, 국가 및 지방 자치 단체의 책무, 기술 개발과 산업 육성, 윤리와 신뢰성 확보, 국민 권익 보호, 정책 거버넌스 체계 등이 포함된다.

제1장 '총칙'은 법의 목적과 정의, 적용 범위, 기본 원칙 등을 규정하고 있다. 이 장에서는 인공지능 기술의 발전이 인간의 존엄성 존중, 공공복리 증진, 기술의 책임성과 투명성 확보, 차별 금지, 개인정보 보호 등의 기본 가치를 바탕으로 이뤄져야 함을 명시하고 있다. 이러한 원칙은 인공지능 관련 정책 수립과 법 해석의 지침으로 기능한다.

제2장 '인공지능의 건전한 발전과 신뢰 기반 조성을 위한 추진 체계'는 국가 차원의 정책 추진 체계를 다룬다. 과학기술정보통신부 장관은 중장기 인공지능 기본

계획을 수립하고, 관계 중앙 행정 기관은 이를 바탕으로 연도별 시행 계획을 수립·시행하도록 한다. 또한 국가 인공지능위원회 설치 및 운영에 관한 규정을 포함하고 있으며, 이 위원회는 민관 협력 기반의 정책 조정과 평가 기능을 수행한다.

제3장 '인공지능 기술 개발 및 산업 육성'은 연구 개발 촉진, 인재 양성, 디지털 인프라 구축, 기술 사업화 및 산업 생태계 조성과 관련된 지원 정책을 담고 있다. 특히 중소기업과 스타트업의 참여 확대, 기술 인증 및 거래 촉진, 공공 분야 우선 적용 등을 통해 산업의 자율성과 경쟁력 강화를 도모한다.

제4장 '인공지능 윤리 및 신뢰성 확보'는 인공지능 기술이 사회에 미치는 영향을 최소화하고 신뢰를 구축하기 위한 윤리 기준과 대응 체계를 포함한다. 위험 기반 접근 원칙에 따라 고위험 인공지능에 대해서는 사전 점검, 사후 관리, 서비스 중단 명령 등의 조치가 가능하며, 딥페이크 등 생성형 AI에는 식별·표시 의무를 부과해 정보의 신뢰성과 투명성을 높인다. 이와 함께 이용자의 설명 요구권, 정보 접근권, 피해 구제 절차 등 권익 보호 장치도 마련되어 있다.

제5장 '보칙'과 제6장 '벌칙'은 법의 실효성을 담보하

기 위한 행정적 · 제재적 수단을 규정한다. 보칙에서는 인공지능 관련 자료 제출 명령, 보고 의무, 국가 차원의 평가 및 조사에 관한 사항이 포함되어 있으며, 정책 추진을 위한 행정적 근거를 제공한다. 벌칙에서는 허위 정보 제공이나 정당한 사유 없는 자료 제출 거부 등 위반 행위에 대해 과태료를 부과할 수 있도록 하고 있다.

이처럼 「인공지능 기본법」은 기술 혁신과 사회적 신뢰 및 공익 보호 간의 조화를 추구하는 제도적 프레임워크로서, 생성형 AI를 포함한 인공지능 기술 전반을 포괄하는 국가적 규범 체계를 마련했다는 점에서 중요한 의의를 지닌다.

논의 사항 및 향후 과제

「인공지능 기본법」은 위험 기반 차등 규제, 산업 진흥, 국제 규범과의 정합성까지 포괄한 종합적인 입법 시도로서, 우리나라가 지능 정보 사회에 선제적으로 대응하기 위한 제도적 기반을 마련했다는 점에서 의미가 크다. 기술 혁신을 촉진하는 동시에 사회적 신뢰를 확보하고자 했으며, AI 생태계 전반에 대한 국가 정책의 방향성을 제시했다는 점에서 긍정적인 평가를 받고 있다.

그러나 이러한 제도적 성과에도 불구하고, 법의 실효

성을 제고하기 위해 여전히 해결해야 할 여러 과제와 비판이 제기되고 있다.

첫째, 인공지능 유형 분류의 명확성과 규제 적용의 일관성 부족이 지적된다. 법률에서는 인공지능을 일반형, 고위험형, 생성형으로 구분하고 있으나, 실제 기술 환경에서는 이들 간의 경계가 명확하지 않아 동일한 기술이 사용 맥락에 따라 서로 다른 규제를 적용받을 수 있다. 이로 인해 규제의 기준이 혼란스럽고, 형평성 문제가 발생할 수 있다는 우려가 제기된다.

둘째, 하위 법령과 기술 지침의 정비 미비도 문제로 지적된다. 「인공지능 기본법」은 기본법 수준에서 선언적 원칙을 제시하고 있지만, 이를 실행에 옮기기 위한 시행령, 시행 규칙, 기술 가이드라인 등 구체적인 이행 수단은 아직 충분히 마련되지 않았다. 이로 인해 실제 집행 과정에서 법적 기준이 불분명하거나 일관되지 않을 가능성이 있다.

셋째, 기존 법체계와의 정합성 부족도 주요한 과제로 제기된다. 인공지능 기술은 저작권, 개인정보 보호, 노동, 교육 등 다양한 법 영역과 밀접하게 연결되어 있는 만큼, 관련 법률들과의 조화로운 연계가 필수적이다. 그러나 현재까지 이러한 연계 구조는 체계적으로 설계되지 않았으며, 생성형 AI의 창작물에 대한 권리 귀속 문제나 알고리즘 편향으로 인한 차별 책임 문제 등은 여전히 현행 제도 내에서 명확히 규율되지 않고 있다.

넷째, 중소기업과 스타트업에 대한 과도한 규제 부담도 우려되는 부분이다. 대기업에 비해 자원과 인력이 부족한 중소기업은 일률적인 규제 체계 아래에서 기술 개발과 시장 진입이 위축될 수 있다. 따라서 기업의 규모나 기술 성숙도 등을 고려한 차등적 규제 적용 방식과, 일정 요건을 충족한 기업에 대해 규제를 일시적으로 유예하는 규제 샌드박스 제도 등의 도입이 필요하다.

「인공지능 기본법」이 선언적 원칙을 넘어 실질적인 효과를 발휘하기 위해서는 제도 설계와 운영 방식의 정교화가 필수적이다. 특히 인공지능 유형 분류 기준의 명확화, 하위 법령 및 기술 지침의 신속한 정비, 기존 법체계와의 연계 강화, 중소기업을 고려한 유연한 규제 설계 등이 핵심 과제로 지적된다. 이와 함께 국제 AI 규범의 변화에 기민하게 대응하고, 글로벌 기준과의 정합성을 확보하기 위한 정책적 민첩성도 병행되어야 한다. 제도적 보완과 함께 현실 변화에 능동적으로 대응할 수 있는 실행력 있는 집행 체계를 구축함으로써, 기술 혁신과 사회적 신뢰가 조화를 이루는 지속 가능한 AI 생태계를 만

들어 나가야 할 것이다.

참고문헌

과학기술정보통신부(2024.12.26). “인공지능 시대의 새로운 서막, 인공지능 기본법 국회 본회의 통과”. 보도자료, https://www.msit.go.kr/bbs/view.do?sCode=user&mPid=208&mId=307&bbsSeqNo=94&nttSeqNo=3185321

과학기술정보통신부(2025.1.15). “인공지능 기본법을 위한 ‘하위법령 정비단’ 본격 출범”. 보도자료, https://www.msit.go.kr/bbs/view.do?sCode=user&mId=307&mPid=208&bbsSeqNo=94&nttSeqNo=3185365

김나루(2025). “우리나라의 인공지능 기본법 제정에 따른 법적 과제”. 《헌법학연구》, 31(2), 263-306쪽, https://www.kci.go.kr/kciportal/ci/sereArticleSearch/ciSereArtiView.kci?sereArticleSearchBean.artiId=ART003225494

박상철(2024). “인공지능 기본법의 시행 전 개정 필요성: 규제 조항의 체계축조상 문제점을 중심으로”. 《정보법학》, 28(3), 3-50쪽, https://www.kci.go.kr/kciportal/ci/sereArticleSearch/ciSereArtiView.kci?sereArticleSearchBean.artiId=ART003161927

유승익(2024). “인공지능 기본법의 제정방안: 제22대 국회 과방위의 인공지능법안에 대한 분석과 대안”. 《강원법학》, 77, 1-38쪽, https://www.kci.go.kr/kciportal/ci/sereArticleSearch/ciSereArtiView.kci?sereArticleSearchBean.artiId=ART003144759

이성엽(2025.2.8). “[연구논단] 인공지능 기본법의 분석과 평가”. 《법률신문》, https://www.lawtimes.co.kr/news/205336

정준화(2025.3.4). “인공지능(AI) 기본법 시행 전 보완을 위한 입법 과제”. 국회입법조사처. 《이슈와 논점》, 2327, https://www.nars.go.kr/report/view.do?categoryId=&cms

Code=CM0018&searchType=TITLE&searchKeyword=%EC%9D%B8%EA%B3%B5%EC%A7%80%EB%8A%A5(AI)%20%EA%B8%B0%EB%B3%B8%EB%B2%95%20%EC%8B%9C%ED%96%89%20%EC%A0%84%20%EB%B3%B4%EC%99%84%EC%9D%84%20%EC%9C%84%ED%95%9C%20%EC%9E%85%EB%B2%95%20%EA%B3%BC%EC%A0%9C&brdSeq=46937

정찬모(2025). "인공지능기본법 주요 내용의 검토와 향후 과제". 《법학연구》, 28(1), 71-104쪽, https://www.kci.go.kr/kciportal/ci/sereArticleSearch/ciSereArtiView.kci?sereArticleSearchBean.artiId=ART003185529

06
AI와 「특허법」

AI 기술의 급속한 발전에 따라 우리나라를 포함한 주요 국가들은 인공지능에 관한 포괄적인 기본법과 윤리 규범의 입법화를 적극 추진하고 있다. 이러한 흐름 속에서 전통적인 「특허법」 체계는 중대한 전환점을 맞이하고 있으며, 특히 AI 관련 발명에 발명자성, 신규성, 진보성 등 특허 요건을 어떠한 기준으로 적용할 것인지가 핵심적인 입법 · 정책 과제로 부상하고 있다.

AI와 민주주의?

기존 특허 제도의 구조적 한계

인공지능의 발전은 오랜 기간 특허 제도의 근간을 이뤄온 '인간 중심의 발명자 개념'에 근본적인 도전을 제기하고 있다. 특히 생성형 AI와 자율 학습 기반 시스템이 기술 문제에 대해 창의적인 해법을 제시하고, 실질적인 기술 아이디어를 독자적으로 창출하는 사례가 증가하면서, 「특허법」상 발명자의 정의와 요건에 대한 재검토 필요성이 부각되고 있다.

이와 관련해 국제적으로 주목받은 대표적 사례가 'DABUS 사건'이다. AI 시스템 DABUS(Device for the Autonomous Bootstrapping of Unified Sentience)를 이용해 고안한 식품 용기와 경고등 기술에 대해 스티븐 탈러는 AI를 발명자로 명시하며 각국에 특허를 출원했지만, 대부분의 특허청과 법원은 발명자 요건을 충족하지 못한다는 이유로 이를 일관되게 거절했다. 2019년 미국 특허청(USPTO)은 발명자는 반드시 자연인이어야 한다며 출원을 기각했고, 같은 해 영국지식재산청(UKIPO)도 동일한 판단을 내렸다. 2020년 유럽특허청(EPO) 역시 DABUS의 발명자성을 인정하지 않았다. 2022년 미국 연방순회항소법원(Federal Circuit)은 'Thaler v. Vidal 사건'에서 「특허법」상 "individual"은 인간만을 의미하

므로, AI는 발명자가 될 수 없다고 판시했다. 2023년 영국 대법원도 AI는 법인격이 없어 발명의 권리를 가질 수 없다고 명확히 했고, 2024년 독일 연방 법원(BGH)은 AI가 생성한 발명에 대해 출원은 가능하나 발명자는 인간이어야 한다고 판시했다. 일본 역시 인간만을 발명자로 인정하는 해석을 유지하고 있다. 이처럼 미국, 유럽, 영국, 독일, 일본 등 주요국은 공통적으로 AI를 법적 발명자로 인정하지 않고 있으며, 「TRIPS 협정(The Agreement on Trade-Related Aspects of Intellectual Property Rights, 지식재산권의 무역 관련 협정)」과 「특허협력조약(PCT, Patent Cooperation Treaty)」 등 국제 지식재산 규범도 발명자를 자연인으로 전제하고 있다. 결국 현행 특허 제도는 AI 기술의 급속한 발전에도 불구하고 여전히 인간 중심의 법리 구조에 머물러 있으며, 기술 변화에 유연하게 대응하기 어려운 제도적 경직성을 드러내고 있다고 평가된다.

우리나라 「특허법」 제33조 제1항은 발명자를 자연인으로 한정하고 있어, AI가 생성한 기술일지라도 특허 출원 시 반드시 인간 발명자를 명시해야 한다. 그러나 AI가 독자적으로 기술을 도출하고, 인간의 역할이 단지 그 결과를 정리하거나 전달하는 수준에 그친다면, 해당 인간을 '기술적 사상의 창출에 실질적으로 기여한 자'로 보기 어렵다. AI의 자율성이 높아질수록 인간의 기여는 점점 형식적이거나 사후적인 개입에 머물 가능성이 크며, 이러한 변화는 기존 발명자 개념의 재검토 필요성을 더욱 부각한다. 더 나아가, AI는 인간의 예측을 뛰어넘는 비자명한 결과를 도출할 수 있다는 점에서, 이는 발명의 성립 요건뿐만 아니라 심사 기준 전반에도 중대한 영향을 미칠 수 있다.

이러한 상황에서 「특허법」이 여전히 인간 중심의 발명자 개념만을 고수할 경우, 기술 현실과 법적 규범 사이에 심각한 괴리가 발생할 수 있다. AI가 실질적으로 기술을 창출했음에도 인간이 형식적으로 발명자로 기재되는 구조가 지속된다면, 발명자 개념은 사실상 형해화되고, 특허 제도의 정당성과 신뢰성 역시 훼손될 우려가 크다. 이는 특허 보호 범위에 대한 불확실성을 야기하고, 더 나아가 산업계의 기술 활용과 투자 결정에도 부정적인 영향을 미칠 수 있다. 따라서 기술 현실을 반영한 제도적 보완이 시급하다. 최소한 AI를 활용한 발명에 대해서는 인간의 '실질적 기여 요건'을 명확히 설정하고, AI의 개입 수준에 따라 발명 유형을 구분할 수 있는 체계를 마련할 필요가 있다.

AI 발명의 보호 요건과 범위

인공지능 기술의 고도화는 특허 제도가 전제로 하는 발명 개념과 심사 기준 전반에 대한 근본적인 검토를 요구하고 있다. 종래의 특허 제도는 인간의 창의적 사고력을 전제로 해, 발명의 성립 요건인 '신규성(Novelty)'과 '진보성(Inventive Step)'을 해석하고 적용해 왔다. 그러나 AI가 방대한 공개 데이터를 스스로 학습하고, 이를 자동으로 조합해 새로운 기술 아이디어를 도출할 수 있는 수준에 이르면서, 기존의 법리 해석과 충돌하는 사례가 점차 늘어나고 있다.

우선, 발명 주체 요건과 관련된 문제는 특허 제도 전반에 구조적인 긴장을 불러일으키고 있다. AI는 인간의 개입 없이도 독자적으로 기술적 해결책을 생성할 수 있으며, 실제로 AI가 창출한 기술이 인간의 직관이나 경험을 넘어서는 사례도 적지 않다. 그럼에도 현행 「특허법」은 '발명자'를 자연인으로 한정하고 있어, AI의 실질적 기여를 법적으로 인정하지 못하는 구조적 한계를 드러낸다. 이러한 상황에서 인간이 단지 형식적으로 발명자로 기재되는 방식은 발명자 개념을 형해화시켜 제도의 실효성을 훼손할 우려가 있다. 따라서 AI를 활용한 발명의 경우, 인간이 기획, 설계, 지도 등 창출 과정에 실질적으로 기여한 정도를 기준으로 발명자성을 판단하고, 이를 토대로 권리 귀속과 책임 구조를 명확히 할 수 있는 새로운 법적 기준의 정립이 요구된다.

다음으로, 신규성 요건에서도 AI 기술의 도입은 기존 판단 기준의 재검토를 필요로 한다. 생성형 AI는 기존 기술들을 조합하거나 표현 방식을 재구성해 결과물을 도출하는 경우가 많은데, 이는 인간의 눈에는 새로워 보일 수 있으나 실질적 차별성이 결여된 경우가 많다. 이러한 결과물은 선행 기술과 본질적으로 동일하다고 판단될 수 있어, 신규성 요건을 충족하지 못할 가능성이 높다. 더욱이 AI의 학습 범위가 특허 문헌에 국한되지 않고, 블로그, 오픈 소스 커뮤니티, Q&A 포럼 등 다양한 비정형 데이터까지 확장되면서, '공지 기술'의 범위와 판단 기준 역시 불확실해지고 있다. 아직까지 이러한 비정형 정보들이 「특허법」상 선행 기술로 인정될 수 있는지에 관한 명확한 해석 기준이 부재한 상황에서, 신규성 판단의 일관성과 객관성이 흔들릴 수밖에 없다.

한편, 진보성 요건 역시 AI 발명에 적용하는 과정에서 새로운 법적 과제와 해석상의 논점이 제기되고 있다. 해당 기술이 인간에게는 자명하지 않은 것으로 보이더라도, AI에게는 통계적 규칙에 기반한 예측 가능한 조합일 수 있기 때문이다. 이 경우 기존의 '통상의 기술자' 기준이나 '기술적 비자명성' 개념이 AI 생성물에 어떻게 적용되어야 하는지에 대해 해석상 혼란이 불가피하다. 유럽특허청과 미국특허청 역시 이러한 문제의식 속에서 심사 기준의 보완을 검토하고 있으며, 인간 기술자의 판단 개입 여부나 실질적 기여 기준을 강화하는 방향으로 정책 조정을 모색하고 있다.

이처럼 AI 기술의 확산은 특허 제도의 해석 기준 전반에 대한 근본적인 재설계를 요구한다. 기존의 고정된 판단 틀만으로는 급변하는 기술 현실과 창출 방식을 충분히 반영하기 어렵기 때문이다. 따라서 창출 주체와 기술 생성 방식의 다양성을 포괄할 수 있도록 AI의 관여 과정에서 '기술적 기여'의 요소를 명확히 규정하고, 이를 바탕으로 기술 혁신을 촉진할 수 있는 보다 유연한 해석 기준을 마련할 필요가 있다.

AI 기반 혁신을 위한 특허 제도 재설계

AI 기술의 급속한 확산은 발명자 개념, 출원 유형, 심사 기준 등 특허 제도의 핵심 구성 요소 전반에 대한 근본적인 재설계를 요구하고 있다. 특히 AI가 인간의 통제를 벗어나 독자적으로 기술적 해결책을 도출할 수 있는 수준에 이르면서, '자연인 중심'의 기존 특허 체계는 현재의 기술 현실과 점점 더 큰 괴리를 드러내고 있다. 이러한 맥락에서 다음과 같은 사항들이 고려될 필요가 있다.

첫째, 발명자 개념의 재해석이 필요하다. 현행 특허 제도는 발명자를 자연인으로 한정하고 있으나, AI가 알고리즘 설계, 데이터 선택, 산출 결과의 평가 및 보완 등 발명 과정 전반에 실질적으로 기여하는 사례가 증가하고 있다. 이러한 경우에는 인간이 어떤 단계에서 창의적으로 개입했는지를 기준으로 발명자성을 판단하는 방식이 요구된다. 세계지식재산기구도 이에 부응해, 특허 명세서에 AI가 수행한 역할과 개입 정도를 구체적으로 기재할 것을 권고하고 있으며, 이는 향후 심사나 분쟁 과정에서 AI의 기여 수준을 명확히 평가할 수 있는 일관된 판단 기준으로 기능할 것으로 예상된다.

둘째, AI 개입 수준에 따른 출원 유형의 구분이 필요하다. AI가 인간의 창작을 보조하는 'AI 보조형 발명'과, 인간의 개입 없이 AI가 독자적으로 기술적 결과를 도출한 'AI 생성형 발명'을 구분하고, 이에 따라 심사 기준과 보호 범위를 달리하는 방안이 논의되고 있다. 특히 영국과 일본은 기존 제도를 유지하면서도 가이드라인과 심사 사례집을 통해 기술 현실을 반영한 유연한 해석 기준을 마련하고 있다. 이러한 접근은 기존 법제를 존중하면서도 AI 기술의 발전에 실질적으로 대응하려는 균형 있는 시도로 평가된다.

셋째, 신규성 및 진보성 요건에 대한 재정비가 필요하다. AI는 방대한 학습 데이터를 기반으로 기존 기술을 비선형적으로 결합하거나, 인간의 직관을 뛰어넘는 방식으로 기술적 해결책을 제시할 수 있다. 이러한 특성은 기존의 '보통 기술자' 기준에 기반한 진보성 판단 체계와 충돌할 수 있으며, 그 결과 AI 발명의 창작성이나 발전 수준을 정확히 평가하기 어렵다. 따라서 AI 발명의 생성 메커니즘과 결과물의 예측 가능성을 반영할 수 있는 새로운 심사 기준이 마련되어야 하며, 반복성과 독창성 등 기술 창출 방식에 대한 세부적 평가 기준도 함께 검토될 필요가 있다.

넷째, 입증 책임과 투명성 확보 체계의 정립이 필요하다. AI의 활용이 보편화되면서 발명 산출물에 대한 인간의 통제 여부나 창의적 개입이 불명확한 사례가 늘고 있다. 이에 따라 발명 과정에서 AI와 인간의 역할을 명확히 구분하고, 각자의 기여 범위를 투명하게 드러낼 수 있는 체계를 마련해야 한다. 출원인은 특허 명세서에 AI의 활용 목적, 방식, 개입 단계 등을 구체적으로 기재해야 하며, AI가 실질적으로 창작에 관여한 경우에는 인간 발명자의 창의적 기여가 있었음을 입증할 수 있는 자료를 제시해야 한다. 이러한 입증 책임의 강화는 특허 심사의 일관성과 예측 가능성을 높이는 한편, 발명자 자격과 권리 귀속을 둘러싼 법적 분쟁을 예방하는 데 기여할 수 있다.

이처럼 AI 기술의 발전은 단순한 기술적 진보를 넘어, 특허 제도의 근간을 구성하는 법적 · 제도적 틀에 근본적인 변화를 요구하고 있다. 발명자 개념의 재정립, 출원 유형의 세분화, 심사 기준의 재설계, 입증 책임과 투명성 확보 체계의 정비 등은 더 이상 선택이 아닌 필수 과제가 되었다. 이러한 변화에 능동적으로 대응하지 못할 경우, 특허 제도는 빠르게 진화하는 기술 환경 속에서 그 정당성과 실효성을 상실할 우려가 있다. 앞으로의 「특허법」은 인간과 AI의 협력 구조를 반영하는 새로운 기준과 원칙을 정립함으로써, 창의성과 기술 혁신을 조화롭게 보호할 수 있는 지속 가능한 법적 기반으로 발전해 나가야 할 것이다.

참고문헌

김시열(2023). "인공지능 활용에 따른 특허법상 통상의 기술자 기술수준에 관한 연구". 《법학논총》, 47(2), 223-254쪽.

https://www.kci.go.kr/kciportal/ci/sereArticleSearch/ciSereArtiView.kci?sereArticleSearchBean.artiId=ART002984734

박윤석(2019). "인공지능을 이용한 발명과 저작물의 보호범위에 관한 비판적 고찰". 《과학기술과 법》, 10(1), 95-122쪽, https://www.kci.go.kr/kciportal/ci/sereArticleSearch/ciSereArtiView.kci?sereArticleSearchBean.artiId=ART002486762

신혜은 외(2024.12). "인공지능(AI)를 이용한 발명의 발명자권 및 특허요건에 대한 연구". 특허청, https://www.kipo.go.kr/ko/kpoBultnDetail.do?menuCd=SCD0200640&ntatcSeq=16993&sysCd=SCD02&aprchId=BUT0000048

이수미(2024). "연구 개발과정에서 인공지능 기술의 조력으로 인한 진보성 요건 기준의 변화: 미국특허법의 비자명성 요건을 중심으로". 《법학연구》, 27(2), 311-341쪽, https://www.kci.go.kr/kciportal/ci/sereArticleSearch/ciSereArtiView.kci?sereArticleSearchBean.artiId=ART003091206

전병주(2025). "인공지능 발명에 대한 특허법적 고찰: 발명자 지위와 발명 성립성을 중심으로". *The Journal of Law & IP*, 15(1), 87-122쪽, https://www.kci.go.kr/kciportal/ci/sereArticleSearch/ciSereArtiView.kci?sereArticleSearchBean.artiId=ART003221055

차상육(2023). "인공지능(AI) 관련 특허법상 쟁점에 관한 연구". 《법학논고》, 80, 385-427쪽, https://www.kci.go.kr/kciportal/ci/sereArticleSearch/ciSereArtiView.kci?sereArticleSearchBean.artiId=ART002928967

한수현(2024.5.16). "[판결] 서울고법 'AI, 발명자로 특허 출원 신청 못한다'… 1심 판결 유지". 《법률신문》, https://www.lawtimes.co.kr/news/198348

한지영(2021). "인공지능 관련 발명의 특허성에 관한 국제적 논의 및 주요 쟁점에 관한 고찰". 《문화미디어엔터테인먼트법》, 15(1), 31-64쪽, https://www.kci.go.kr/kciportal/ci/sereArticleSearch/ciSereArtiView.kci?sereArticleSearchBean.artiId=ART002735384

Dornis, T. W.(2020.8.5). Artificial intelligence and innovation: The end of patent law as we know it. *Yale Journal of Law & Technology*, 23, https://papers.ssrn.com/sol3/papers.cfm?abstract_id=3668137

Rassenfosse, G. de et al.(2023.5.12). AI-generated inventions: Implications for the patent system. *Southern California Law Review*, 96, https://papers.ssrn.com/sol3/papers.cfm?abstract_id=4434054

07
AI와 「저작권법」

인공지능을 규율하기 위한 기본법의 제정은 창작 주체성, 창작물에 대한 책임 귀속, 알고리즘의 투명성, 설명 가능성 등을 법적으로 명확히 규정할 것을 요구한다. 이는 단순한 기술적 기준을 넘어, 인간과 AI의 협업 결과물이나 AI의 독립적 창작물에 관한 새로운 법적 평가 기준을 마련해야 함을 시사한다. 이에 「저작권법」은 기존의 인간 중심 창작 개념을 재정립하고, AI의 개입 정도와 자율성 수준에 따라 저작물 보호의 범위와 요건을 보다 세분화해 규율할 필요가 있다.

AI와 애니메이션?

인간 중심 창작 개념의 한계

현행 「저작권법」은 창작 주체를 '자연인'으로 한정하고, 인간의 사상과 감정이 반영된 창의적 표현만을 보호 대상으로 삼는다. 창작자는 정서, 가치관, 미적 판단 등을 바탕으로 독창적인 결과물을 만들어 내는 존재로 간주되며, 저작권은 이러한 창의적 노력에 대한 법적 보상 수단으로 기능해 왔다. 우리나라 「저작권법」 제2조 제2호 역시 저작자를 "저작물을 창작한 자"로 정의하고 있으며, 판례와 다수 학설은 이를 '인간에 의한 창의적 표현'을 전제로 해석한다.

그러나 생성형 AI의 발전은 이러한 인간 중심 원칙에 본질적인 도전을 제기한다. 최근 AI는 인간의 개입 없이도 텍스트, 이미지, 음악, 영상 등 다양한 콘텐츠를 생성할 수 있는 수준에 이르렀다. AI는 사용자의 프롬프트를 바탕으로 대규모 데이터를 학습하고, 알고리즘과 확률 연산을 통해 자동으로 결과물을 산출한다. 이 방식은 인간의 직관이나 감정이 아닌 기계적 연산에 기반한 자동화 절차로, 외형상 독창성을 띠더라도 그 생성 과정은 인간의 창작 행위와 구조적으로 다르다. 이에 따라 기존 저작권 체계의 '창작성' 및 창작 주체 개념과 충돌이 필연적으로 발생하게 된다.

이러한 배경에서 AI가 생성한 콘텐츠와 인간이 창작한 결과물을 법적으로 구분할 수 있는 기준 마련이 요구된다. 단순히 AI를 도구로 활용했다는 사실만으로는 저작권 보호 요건을 충족한다고 보기 어려우며, 핵심 쟁점은 창작 과정에서 인간의 실질적인 개입 정도에 달려 있다. 예컨대, 단순 명령 입력에 그친 경우에는 저작권 보호가 어려우나, 프롬프트를 창의적으로 설계하거나 생성된 결과물을 선별 · 편집 · 재구성하는 등 인간의 창의적 판단이 충분히 개입된 경우에는 창작성 요건이 충족될 수 있다.

이러한 판단 기준은 주요국과 국제기구의 정책에서도 확인된다. 미국 저작권청(USCO)은 2025년 가이드라인에서, AI가 단독으로 생성한 결과물은 저작권 등록이 불가능하며, 인간의 창의적 개입이 구체적으로 드러날 경우에만 보호가 가능하다고 명시했다. 세계지식재산기구 또한 AI 활용 창작물에 최소한의 인간 개입 기준을 제시하고, 창작 주체의 관여 수준에 따라 자동 산출물과 보호 대상 저작물을 구분할 필요성을 강조하고 있다.

그럼에도 기존의 인간 중심 창작자 개념을 고수할 경우, 변화하는 창작 환경에 적절히 대응하지 못하는 문제점이 발생할 수 있다. 대표적으로 AI가 일정 수준의 창작 기능을 수행하는 현실을 외면하면 결과물에 대한 권리 보호의 공백이 생긴다. 이는 AI 기반 콘텐츠가 급속히 확산되는 디지털 환경에서 법적 불확실성을 심화하고 창작자·이용자·플랫폼 간 권리관계를 혼란스럽게 만들 수 있다. 또한 인간 개입이 일정 수준에 미치지 못했다는 이유로 해당 결과물을 '무저작물'로 간주할 경우, 정당한 권리 보호가 이뤄지지 않아 창작 유인이 약화될 수 있다. 나아가 저작권 보호를 받지 못하는 AI 콘텐츠가 대량 유통될 경우, 공정 이용 및 침해 판단 기준이 모호해지며, 분쟁 가능성과 법적 혼란이 더욱 커질 수 있다.

이처럼 전통적인 창작자 개념은 급변하는 기술 환경을 충분히 반영하지 못하고 있는 것으로 평가된다. 따라서 AI가 창작에 관여하는 다양한 형태를 고려한 새로운 법적 해석과 제도적 정비가 요구되며, 이는 창작자의 권리와 법적 안정성을 함께 확보하기 위한 필수 과제라 할 수 있다.

AI 활용 수준에 따른 보호 범위 및 책임 귀속

AI가 창작 과정에 활용된 경우, 핵심 쟁점은 인간의 개입 수준과 그 기여가 창작성 판단에 실질적으로 어떤 영향을 미쳤는지를 평가할 기준을 어떻게 설정할 것인가에 있다. 단순히 AI를 도구로 활용했다는 사실만으로는 저작권 보호를 인정받기 어려우며, 창작의 본질적 요소에 인간이 창의적으로 개입했는지가 결정적인 판단 기준이 된다. 이에 따라 인간의 행위가 결과물의 표현 형식이나 내용에 구체적이고 창의적으로 반영되었는지를 중심으로 평가하는 접근이 필요하다. 예컨대 프롬프트의 창의적 설계, 생성물의 선별 및 편집, 재구성 같은 행위는 실질적인 창작 기여로 간주될 수 있으며, 이를 평가하기 위한 정량적 · 정성적 기준의 정립이 요구된다.

그리고 공동 저작물 개념에 대한 재검토도 필수적이다. 현행 「저작권법」은 공동 저작물을 '두 명 이상의 저작자가 각자 독립적으로 창작에 기여한 결과물이 유기적으로 결합된 저작물'로 정의하며, 이때의 저작자는 인격을 갖춘 자연인 또는 법인에 한정된다. 따라서 인격이 없는 인공지능은 법적으로 공동저작의 주체로 인정되지 않는다. 그 결과, 인간과 AI가 협업해 만든 창작물일지라도, 인간의 창작 기여가 일정 기준에 미치지 못하면 법적으로 저작물로 보호받지 못할 수 있으며, 반대로 보호대상이 되더라도 인간의 단독 창작물로 간주될 수밖에 없다. 이는 생성형 AI의 활용이 빠르게 확산되고 있는 현실과 현행 제도 사이에 괴리를 발생시킨다. 따라서 공동 저작 개념을 AI 시대에 맞게 확장하거나 새로운 유형의 협업 창작 모델을 수용할 수 있도록 제도적 보완이 요구된다.

또한 AI 창작 과정에는 단순한 사용자뿐 아니라 AI 모델 개발자, 프롬프트 설계자, 학습 데이터 제공자 등 다양한 주체가 관여할 수 있으므로, 이들 간 권리 귀속 및 책임 관계를 명확히 할 수 있는 법적 기준 마련이 요구된다. 생성형 AI의 창작 결과물은 여러 주체의 기술적 · 기획적 기여를 바탕으로 이뤄지며, 그 기여 형태와 수준이 상이한 만큼, 창작물에 대한 권리 분배, 수익 배분, 이용 허락, 침해 책임 등을 기여도에 따라 합리적으로 구분할 필요가 있다. 이러한 기준은 단순한 권리 보호를 넘어, 창작 과정 전반에 대한 법적 예측 가능성과 공정성을 확보함으로써 AI 창작 생태계의 지속 가능성과 제도의 실효성을 뒷받침하는 데에도 중요한 의미를 갖는다.

나아가, 학습 데이터를 제공한 자, 프롬프트를 입력한 자, AI를 개발 · 제공한 자 중 누가 저작권 침해에 대한 책임을 부담할 것인지에 대한 기준과 법적 장치의 마련도 필수적이다. AI가 생성한 콘텐츠가 기존 저작물을 모방하거나 침해하는 경우, 책임 귀속이 불분명하다면 분쟁 발생과 법적 혼란이 불가피하기 때문이다. 따라서 역할별 기여도에 따른 책임 분담 기준과 연쇄적인 책임 구조를 도입함으로써, 침해 발생 시 책임의 명확한 귀속과 사전적 분쟁 예방이라는 과제를 해결해야 할 것이다. 이는 저작권자의 권익 보호는 물론, AI 기술의 안정적 활용과 법적 신뢰 기반 조성에도 핵심적인 역할을 한다.

결국 생성형 AI 시대의 저작권 제도는 인간의 창작 개입 여부를 정밀하게 판단할 수 있는 기준의 마련, 공동저작물 개념의 재정립, 다양한 기술적 기여자 간 권리와 책임 체계의 확립 등을 통해 구조적 재편이 이뤄져야 한다. 변화하는 기술 환경에 유연하고 능동적으로 대응하기 위해서는 이러한 제도적 변화를 뒷받침할 법적·정책적 방안에 대한 종합적 검토와 사회적 합의가 함께 수반되어야 할 것이다.

「인공지능 기본법」과의 정합성 확보 방안

우리나라는 2025년 1월 「인공지능 기본법」을 제정해 2026년 1월 시행을 앞두고 있다. 이 법은 AI 기술의 확산에 따른 윤리적·사회적 문제에 대응하고 신뢰 기반의 AI 생태계를 구축하기 위한 정책적 요구 속에서 도입되었다. 여기에는 투명성의 원칙, 책임성의 원칙, 안전성 확보의 원칙 등 기본 원칙과 함께, AI 유형 분류에 따른 차등적 규제, 이용자의 권리 보호 및 정보 공개 의무 등이 포함되어 있다.

이에 따라 「저작권법」 역시 「인공지능 기본법」의 규범적 방향성과 정합성을 확보할 수 있도록 다음과 같이 구조적으로 재설계될 필요가 있다.

첫째, 투명성의 원칙을 반영한 창작 과정의 기록 및 공개 의무 강화가 요구된다. 생성형 AI가 개입된 창작물의 경우, 인간의 창작 개입 여부와 범위를 파악할 수 있는 메타데이터, 프롬프트 내역, 생성 방식 등의 정보가 명확히 제공되어야 한다. 이는 저작물성 판단, 권리 귀속, 침해 여부 검토에서 법적 예측 가능성을 높이고, 분쟁을 예방하는 데 핵심적인 역할을 할 것이다. 특히 공공 AI 시스템이나 상업적 콘텐츠 플랫폼에서는 이러한 정보 공개가 이용자 권리 보호와 직결되는 만큼, 법적 기준 마련이 시급하다.

둘째, 공동 저작물 개념의 재정립과 기여도 기반의 권리 배분 체계 마련이 필요하다. AI 창작 과정에는 프롬프트 설계자, 학습 데이터 제공자, AI 개발자 등 다양한 기술적 · 기획적 기여자가 참여하며, 이들의 기여 수준은 각기 다르다. 기존의 이분법적 저작자 개념만으로는 이러한 복합적 기여 구조를 포섭하기 어렵기 때문에, 각 역할에 따라 권리와 책임을 합리적으로 배분할 수 있는 새로운 법적 기준이 마련되어야 한다.

셋째, 책임 귀속 기준 및 분쟁 대응 체계 정비가 필수적이다. AI가 생성한 콘텐츠가 기존 저작물을 침해하는 경우, 학습 데이터 제공자, 프롬프트 입력자, 서비스 제공자 중 누구에게 법적 책임이 귀속되는지를 명확히 해야 한다. 이는 「인공지능 기본법」이 강조하는 책임성 원칙과도 밀접히 연계되며, 각 주체 간 책임 연쇄 구조를 설정함으로써 공정한 책임 분배와 분쟁 예방을 실현할 수 있다. 나아가 이는 창작자 권익 보호뿐 아니라 AI 기술의 지속 가능한 활용을 위한 신뢰 기반 형성에도 중요한 의미를 가진다.

이와 함께 AI 생성물의 이용, 공유, 라이선싱 방식에 대한 정책적·법적 대응도 병행되어야 한다. 현재 AI 콘텐츠가 무저작물로 간주되어 자유롭게 활용되더라도, 그 과정에서 제3자의 저작권, 퍼블리시티권, 상표권 등이 침해될 위험이 존재한다. 특히 학습 데이터에 기존 저작물이 포함된 경우, 유사 표현의 생성으로 인한 침해 가능성은 더욱 높아진다. 이 밖에도 AI 생성물을 기반으로 한 콘텐츠 플랫폼이나 상업적 서비스에서는 이용 허락, 수익 분배, 라이선싱 구조 등에 관한 명확한 기준 마련이 필요하다.

이러한 검토 사항을 바탕으로, 향후 「저작권법」은 AI 생성물의 법적 지위를 판단할 수 있는 기준을 정립하는 한편, 투명성의 원칙을 반영한 창작 과정의 기록 및 공개 의무 강화, 공동 저작물 개념의 재정립과 기여도 기반의 권리 배분 체계 마련, 책임 귀속 기준 및 분쟁 대응 체계의 정비 등 전반적인 법적 과제를 포괄하는 제도적 장치를 구축해야 할 것이다. 이를 통해 AI 기술의 발전과 문화 창작의 조화로운 공존을 뒷받침할 수 있는 저작권 법제 재구성의 기반을 마련해야 한다.

참고문헌

김경숙(2023). "인공지능(AI) 생성물과 저작권 문제". 《IT와 법연구》, 27, 33-72쪽, https://www.kci.go.kr/kciportal/ci/sereArticleSearch/ciSereArtiView.kci?sereArticleSearchBean.artiId=ART002994529

김병일(2021). "제4차 산업혁명 환경에서의 저작권 개혁과 그 글로벌 패러다임 진화". 《정보법학》, 25(3), 37-61쪽, https://www.kci.go.kr/kciportal/ci/sereArticleSearch/ciSereArtiView.kci?sereArticleSearchBean.artiId=ART002803330

문화체육관광부(2025.6.13). "생성형 인공지능 관련 저작권 등록, 분쟁 예방 등 안내서 2종 검토", https://www.mcst.go.kr/attachFiles/viewer/skin/doc.html?fn=20250613080135490963094493_PRESS2025061308013

5660336.hwpx&rs=/attachFiles/viewer/result/press/
이일호(2025). “생성형 인공지능 시대, 저작권의 패러다임은 바뀌어야 하나?: 저작권-인공지능 논의에 관한 비판적 검토”. 《계간 저작권》, 38(1), 129–183쪽, https://www.kci.go.kr/kciportal/ci/sereArticleSearch/ciSereArtiView.kci?sereArticleSearchBean.artiId=ART003190762
이해완(2024). “인공지능 생성물에 대한 저작권 보호의 조건으로서의 '인간의 창작적 기여'”. 《산업재산권》, 79, 183–232쪽, https://www.kci.go.kr/kciportal/ci/sereArticleSearch/ciSereArtiView.kci?sereArticleSearchBean.artiId=ART003160252
정윤경(2020). “인공지능 창작물의 저작권법상 보호방안”. *The Journal of Law & IP*, 10(2), 157–195쪽, https://www.kci.go.kr/kciportal/ci/sereArticleSearch/ciSereArtiView.kci?sereArticleSearchBean.artiId=ART002664818
정윤경(2023). “생성형 AI 확산과 저작권 규율 방안”. 《IP & Data 法》, 3(2), 143–188쪽, https://www.kci.go.kr/kciportal/ci/sereArticleSearch/ciSereArtiView.kci?sereArticleSearchBean.artiId=ART003025584
Murray, M. D.(2024.4.22). Comment to the United States Copyright Office re: Notice of inquiry on copyright and artificial intelligence, Questions 18 and 21(Authorship of works created with the assistance of generative AI). *SSRN*, https://ssrn.com/abstract=4781662
Osborn, L.(2025.4.30). Copyright, creativity, and skill: Authorship and AI-assisted works. *Belmont University College of Law Research Paper*, No.2025-11, https://ssrn.com/abstract=5245755.

08
AI와 「상표법」·「부정경쟁방지법」

인공지능 관련 기본법과 하위 법령의 제정은, AI가 생성한 상표의 사용이나 타인의 표장을 모방하는 행위에 대해 새로운 법적 대응의 필요성을 부각하고 있다. 이에 따라, AI 생성 표장의 식별력, 출처의 오인 가능성, 공정 경쟁 질서의 침해 여부 등을 판단할 수 있는 해석 기준 마련이 요구되며, 이를 반영한 「상표법」 및 「부정경쟁방지법」의 체계적 개편이 필요하다.

AI와 인재 채용?

AI 기반 상표 사용 및 모방 행위에 따른 지식재산권 충돌 문제

생성형 AI의 확산은 기존 지식재산권 체계, 특히 「상표법」과 「부정경쟁방지법」의 적용 범위와 해석 기준에 중대한 변화를 요구하고 있다. AI가 타인의 상표, 로고, 캐릭터, 제품 외형 등 식별 표지를 무단 학습하거나 이와 유사한 표현을 자동 생성하는 사례가 증가하면서, 상표의 출처 식별 기능이 약화되고, 소비자의 혼동 가능성도 높아지고 있다. 이는 인간 창작자 중심의 기존 법체계가 기술 현실을 충분히 반영하지 못하며, 보다 정교하고 기술 친화적인 규율 체계의 마련이 필요하다는 점을 보여준다.

대표적으로 2025년 영국의 '게티 이미지 대 스태빌리티 AI(Getty Images v. Stability AI) 사건'에서는 AI의 무단 학습과 생성물에서의 워터마크 반복 재현이 「상표법」 및 「부정경쟁방지법」 위반에 해당하는지가 쟁점이 되었다. 이 사건에서 생성형 AI 시스템인 스테이블 디퓨전(Stable Diffusion)은 게티의 등록 이미지를 1,100만 장 이상 무단으로 학습에 활용했으며, 그중 상당수에는 게티 고유의 워터마크가 포함되어 있었다. 이후 생성된 이미지에 동일한 워터마크가 반복적으로 재현되자, 게티는 이를 알고리즘 구조상 예측 가능한 결과로 보고, 상표권 침해와 사칭(passing off), 나아가 플랫폼 제공자의 기여 책임까지 함께 주장했다. 이 사건에서는 AI 생성물이 저작권을 넘어 상표권 및 부정 경쟁 행위와도 밀접하게 연계될 수 있음을 보여 주었다.

그리고 2025년 미국의 '퍼플렉시티 AI 대 퍼플렉시티 솔브드 설루션[Perplexity AI v. Perplexity Solved Solutions(PSS)] 사건'에서는 AI 기업의 상호 사용이 기존 등록 상표와 충돌할 수 있는지가 쟁점이 되었다. 이 사건에서 "Perplexity"에 관한 등록 상표권을 보유한 PSS는 동일한 명칭을 브랜드로 사용하는 AI 스타트업 퍼플렉시티 AI를 상대로 상표권 침해 소송을 제기했다. 이에 법원은 AI 기반 서비스라 하더라도 소비자 혼동 가능성이 존재하는 경우, 기존 「상표법」 기준에 따라 침해 책임이 성립될 수 있음을 분명히 했다. 이 판결은 생성형 AI의 브랜드 활용이 상표의 식별력 보호와 기술 서비스의 정체성 표현 사이에서 충돌할 수 있음을 시사한다.

또한, 2025년 미국의 '오픈AI 대 오픈 아티피셜 인텔리전스(OpenAI v. Open Artificial Intelligence) 사건'에서는 유사 상호 사용으로 인한 소비자 혼동 가능성이 쟁점이 되었다. 이 사건에서 오픈AI는 자사 명칭과 유사한 상호를 사용하는 경쟁사를 상대로 상표권 침해를 주장했고, 법원은 일부 철자나 어휘상 차이가 있더라도 혼동을 유발할 수 있다는 점에서 침해를 인정했다. 이에 따라 해당 상호의 사용은 금지되고, 상표 등록 역시 무효화되었다. 이 사건은 AI 산업에서도 기업 명칭의 식별력과 고유성이 법적으로 보호받아야 함을 명확히 한 사례로 평가된다.

그 외에도 2023년 미국 뉴욕 연방지방 법원의 '헤르메스 대 메타버킨스(Hermes v. MetaBirkins) 사건'에서는 메타버스 및 NFT(대체 불가능 토큰) 환경에서의 상표권 보호 범위가 쟁점이 되었다. 이 사건에서 NFT 프로젝트 '메타버킨스'는 AI 기반 생성 이미지를 활용해 프랑스 명품 브랜드 에르메스의 버킨백(Birkin Bag)을 모방한 디지털 가방 NFT를 제작 · 판매했는데, 이에 대해 법원은 에르메스의 상표권을 침해한 것으로 판시했다. 특히 법원은 현실 세계의 등록상표에 관한 권리가 메타버스나 NFT 같은 가상 환경에도 동일하게 적용된다고 보았다. 이 판결은 가상공간에서 이뤄진 AI 콘텐츠 생성 행위가 현실의 「상표법」 체계로부터 제외되지 않음을 분명히 한 선례로 의미가 크다.

이러한 사례들은 공통적으로 AI 생성물이 기존 「상표

법」 및 「부정경쟁방지법」이 전제해 온 권리 보호 체계에 구조적인 도전을 제기하고 있음을 보여 준다. 이에 따라 기술 현실을 반영한 법적 · 정책적 대응의 정비가 요구된다.

AI 생성 결과물의 유사성 및 혼동 가능성 판단 기준의 재정립

상품이나 상표의 '유사성' 또는 '출처 혼동'에 관한 기준이 종래 인간의 창작을 전제로 발전해 온 만큼, 이를 알고리즘이 자동으로 생성한 표지나 표현에 그대로 적용하는 데에는 분명한 한계가 존재한다. 이와 관련해 다음과 같은 쟁점에 대해 검토가 필요하다.

첫째, AI 생성물의 반복적 유사 표현 가능성에 관해서다. 생성형 AI는 방대한 양의 학습 데이터를 기반으로 결과물을 자동 생성하기 때문에, 기존 상표나 식별 표지와 외형상 유사한 표현이 의도와 무관하게 반복적으로 등장할 수 있다. 이처럼 생성 방식에 내재된 구조적 특성은 전통적인 외관 · 호칭 · 관념 중심의 비교 방식만으로는 실제 소비자 혼동 가능성을 충분히 포착하기 어렵게 만들며, 결과물에 대한 책임 주체도 불명확하게 만든다. 따라서 기술적 생성 구조와 소비자 인식을 함께 반영한 실증 기반의 판단 체계 마련이 시급하다.

둘째, 상표의 식별력 약화 및 희석화(dilution)에 관해서다. 생성형 AI는 동일하거나 유사한 콘텐츠를 대량으로 자동 생산할 수 있어, 특정 브랜드의 고유 식별 표지가 반복적으로 모방될 가능성이 높다. 이로 인해 상표의 독자성이 약화되고, 소비자 인식 속에서 브랜드 명성이 점차 희석될 수 있다. 특히 반복적이고 무분별한 유사 표현이 소비자에게 오인이나 인식 혼동을 유발할 경우, 출처 식별 기능을 보존하기 위한 보다 강력하고 선제적인 법적 대응이 요구된다.

셋째, AI 생성물의 부정 경쟁적 활용 가능성에 관해서다. AI가 타인의 창의와 투자가 축적된 식별 표지를 학습하고 이를 유사하게 생성해 상업적으로 활용하는 경우, 이는 「부정경쟁방지법」 상 '출처 혼동 유발' 또는 '성과의 부정 이용'에 해당할 수 있다. 단순한 표지 유사성의 문제가 아니라, 타인의 축적된 경제적 가치와 시장 평판을 무단으로 활용하는 새로운 형태의 부정 경쟁 행위로 평가될 수 있는 만큼, 이에 대한 별도의 규율 기준 정립이 필요하다.

넷째, 책임 귀속의 불명확성에 관해서다. 생성형 AI는 자율적인 창작 의도를 가진 존재가 아니기 때문에, 그 결과물에 대한 법적 책임이 사용자, 플랫폼 운영자, 알고리즘 개발자 등 여러 주체에 분산되는 구조를 갖는다. 이로 인해 기존의 고의나 과실을 중심으로 한 책임 법리만으로는 침해 상황에 효과적으로 대응하기 어렵다. 특히 유사한 상표나 식별 표지가 반복적으로 생성되고, 이로 인한 소비자 혼동이 충분히 예견되는 경우에는, 플랫폼 제공자나 AI 서비스 운영자에게 일정한 기여 책임을 인정할 수 있는 새로운 판단 기준이 요구된다.

이처럼 생성형 AI의 기술 구조와 시장 내 활용 실태를 종합적으로 고려할 때, 기존 「상표법」과 「부정경쟁방지법」의 적용 방식은 기술 현실과 규범 간의 괴리를 해소할 수 있도록 재설계되어야 한다. 생성 원리, 사용 맥락, 소비자 인식, 책임 주체 간의 역할 등을 종합적으로 반영한 통합적 규율 체계를 마련함으로써, 법적 예측 가능성과 권리 보호의 실효성을 함께 확보할 필요가 있다.

「상표법」·「부정경쟁방지법」의 해석론 정비 및 제도적 보완 방향

앞서 살펴본 바와 같이, 생성형 AI의 활용 증대는 기존 「상표법」 및 「부정경쟁방지법」이 전제해 온 권리 보호 체계에 구조적 도전을 야기하고 있으며, 이에 대한 제도 정비가 시급한 과제로 부상하고 있다. 다만 이러한 개정 작업은 단순한 조문 보완을 넘어, 현재 도입되었거나 논의 중인 「인공지능 기본법」, AI 윤리 강령, 가이드라인 등과 법적 · 체계적 정합성을 확보하는 방향으로 추진되어야 한다. 이와 관련해 다음과 같은 사항들을 핵심적으로 고려할 필요가 있다.

첫째, AI 생성물의 특성과 생성 구조에 맞춘 새로운 유사성 및 혼동 판단 기준의 도입이 요구된다. 전통적으로 상표 침해 여부는 '외관, 호칭, 관념'이라는 세 요소 비교와 평균적 소비자의 인식을 기준으로 판단해 왔지만, 생성형 AI의 결과물은 창작자의 의도가 개입되지 않은 채 자동 생성되므로, 기존 기준만으로는 실질적인 혼동 가능성이나 식별력 훼손을 제대로 포착하기 어렵다. 이에 따라 AI의 개입 정도, 반복 생성 여부, 시장에서의 사용 맥락 등을 종합적으로 고려한 기술 · 데이터 기반의 실증적 판단 체계 마련이 요구된다. 이는 「인공지능 기본법」이 추구하는 '위험 기반 접근'과 '설계 단계에서의 안전 확보' 원칙과의 정합성을 갖춘 제도적 대응이라고 할 수 있다.

둘째, AI 생성물과 관련된 침해 행위에 대한 책임 귀속 체계를 명확히 설정해야 한다. 생성형 AI의 구조상, 결과물의 생성에는 사용자, 플랫폼 운영자, 알고리즘 개발자 등 다양한 주체가 관여하게 되며, 이로 인해 침해에 대한 법적 책임이 분산되고 불명확해질 위험이 크다. 따라서 단일 책임 주체를 특정하기보다는, 생성 · 이용 · 배포의 각 단계에서 일정 수준의 주의 의무 또는 감시 의무를 부과하는 방식으로 책임의 층위화를 도모할 필요가 있다. 이는 「인공지능 기본법」상 '책임 있는 AI 운영'이라는 원칙을 법률적 차원에서 구체화하는 과정이기도 하다.

셋째, 가상공간에서의 상표 사용을 명확히 포섭할 수 있도록 권리 보호 범위를 확장해야 한다. NFT, 메타버스, 혼합현실(MR) 등에서 생성형 AI를 활용한 상표 · 로고 사용 사례는 이미 활발히 등장하고 있으며, 이러한 환경에서는 현실과는 다른 방식의 소비자 접점과 식별 기능이 작동한다. 이에 따라 가상 환경에서의 상표 사용 행위에 대한 판단 기준 및 권리 제한 규정 또한 별도로 정비할 필요가 있으며, 이는 「인공지능 기본법」상 '인간 중심의 디지털 질서' 및 '정보 신뢰성 확보' 원칙과도 방향을 같이한다.

넷째, 국제적 정합성과 기술 중립성 확보 역시 핵심 고려 사항이다. 「상표법」과 「부정경쟁방지법」 개정 논의는 EU의 「인공지능법」, 미국의 자율 규제 기반 모델, 일본의 AI 활용 가이드라인 등 주요국의 제도적 접근과의 비교 속에서 이뤄져야 하며, 국내 제도의 글로벌 정합성을 확보할 수 있도록 설계되어야 한다. 아울러 기술 종속적이지 않은 원칙 중심의 규율 체계를 마련함으로써, 새로운 기술 발전에도 유연하게 대응할 수 있는 법적 기반을 마련해야 한다.

이처럼 「상표법」 및 「부정경쟁방지법」의 정비는 생성형 AI 시대의 권리 보호 실효성을 확보하기 위한 핵심 과제라고 할 수 있다. 다만, 이 작업은 「인공지능 기본법」 등 상위 법제와의 체계적 연계 속에서 이뤄져야 하며, 기술적 맥락과 시장 현실, 국제 규범을 아우르는 다층적 시각에서 법체계를 재설계하려는 입법적 통찰이 요구된다. 이러한 통합적 접근을 통해서만 기술 혁신과 권리 보호가 조화를 이루는 지속 가능한 지식재산 생태계를 구축할 수 있을 것이다.

참고문헌

김도경(2024). "생성형 인공지능과 관련한 지적재산권 쟁점에 대한 검토". *The Journal of Law & IP*, 14(2), 95-151쪽, https://www.kci.go.kr/kciportal/ci/sereArticleSearch/ciSereArtiView.kci?sereArticleSearchBean.artiId=ART003158459

박태신·박진홍(2023). “메타버스에 있어서 법률적 쟁점에 관한 시론적 연구”. 《홍익법학》, 24(1), 163-187쪽, https://www.kci.go.kr/kciportal/ci/sereArticleSearch/ciSereArtiView.kci?sereArticleSearchBean.artiId=ART002934005

변현진·조용순(2023). “메타버스 가상공간 및 생성형 AI를 활용한 창작 관련 지식재산권 쟁점 연구 : 미디어아트와 시각디자인 중심으로”. 《상품문화디자인학연구》, 74, 363-377쪽, https://www.kci.go.kr/kciportal/ci/sereArticleSearch/ciSereArtiView.kci?sereArticleSearchBean.artiId=ART003004891

차상육(2023). “인공지능(AI) 관련 특허법상 쟁점에 관한 연구”. 《법학논고》, 80, 385-427쪽, https://www.kci.go.kr/kciportal/ci/sereArticleSearch/ciSereArtiView.kci?sereArticleSearchBean.artiId=ART002928967

한지영(2025). “메타버스와 NFT에서 지식재산의 역할과 과제에 관한 고찰: 지식재산은 패러다임 전환의 경계선에 서 있는가?”. 《산업재산권》, 80, 369-427쪽, https://www.kci.go.kr/kciportal/ci/sereArticleSearch/ciSereArtiView.kci?sereArticleSearchBean.artiId=ART003204275

Bostoen, F.(2023.2.1). Artificial Intelligence and Competition Law. In Smuha, N.(ed.). *The Cambridge handbook of the law, ethics and policy of artificial intelligence*(2025). pp.174-191. Cambridge University Press. *SSRN*, https://papers.ssrn.com/sol3/papers.cfm?abstract_id=4655894

Chesterman, S.(2025.1). Good models borrow, great models steal: intellectual property rights and generative AI. *Policy and Society*, 44(1), pp.23-37, https://academic.oup.com/policyandsociety/article/44/1/23/7606572

09
국제 규범과 국내 법제의 조화

WIPO, 「TRIPS 협정」, 「DSM 지침」, OECD 권고 등은 AI 창작물의 보호, 발명자성 판단, 학습 데이터의 이용, 플랫폼 책임에 관한 원칙과 정책 방향을 제시하고 있다. 이러한 국제 기준에 부합하도록 국내 법제를 정비하는 것은 창작자와 이용자 간의 이해관계를 조율하고, 기술 혁신과 권리 보호 사이의 균형을 도모하며, 국제 규범과의 정합성을 확보하는 데 필수적이다. 이는 인공지능 시대 우리나라의 글로벌 경쟁력을 강화하기 위한 제도적 기반이 될 것이다.

AI와 기자?

국제적 논의 동향

WIPO의 'AI와 IP' 논의 : 저작권과 학습 데이터 규율의 국제적 기준 정립

세계지식재산권기구(WIPO)는 2019년 9월부터 "IP와 AI에 관한 대화"를 정례적으로 개최하며, AI 기술이 창작 및 발명 활동에 미치는 영향과 그 법적 보호 가능성에 대한 국제 논의를 주도해 왔다. 특히 WIPO는 생성형 AI의 급속한 발전과 창작 과정에서의 AI 활용 확대를 반영해, 기존 지식재산권 체계의 해석과 적용 방식에 대한 재검토 필요성을 제기하고 있다.

그중에서도 주요 쟁점은 AI가 생성한 결과물의 저작권 보호 여부로서, 이와 관련해 '인간 최소 기여(Human minimal contribution)' 개념이 중점적으로 논의되고 있다. 이 개념은 창작 과정에서 인간이 프롬프트 입력, 결과물 선택 또는 편집 등의 방식으로 일정 수준 이상의 창작적 개입을 한 경우, 해당 산출물을 인간의 저작물로 간주해 저작권 보호를 인정할 수 있는지를 기준으로 한다. 이는 인간 저작자의 창작성 있는 개입이 보호 요건이라는 전통적 원칙을 일정 부분 유지하면서도, 생성형 AI의 활용 현실을 반영하려는 절충적 접근으로 평가된다.

또한 WIPO는 AI 학습 데이터 이용과 관련된 저작권 문제도 중요한 쟁점으로 다루고 있다. AI 시스템이 웹이나 디지털 콘텐츠에서 수집한 데이터 중 상당수가 저작권 보호 대상일 수 있으며, 이를 권리자의 허락 없이 학습에 활용하는 행위는 저작권 침해에 해당할 수 있다는 우려가 제기되고 있다. 이에 따라 WIPO는 2023년 논의에서 EU의 TDM(Text Data Mining) 예외 조항과 옵트아웃 제도를 주요 참고 사례로 제시했다. 특히 콘텐츠 제공자가 자신의 저작물이 AI 학습에 활용되는 것을 사전에 거부할 수 있도록 허용하는 옵트 아웃 메커니즘은, 권리자 보호와 기술 혁신 간의 균형을 도모하는 제도적 대안으로 부각되고 있다.

이처럼 WIPO는 AI 창작물 보호와 학습 데이터 활용 문제를 단순한 기술 문제가 아니라, 창작 주체성과 법적 귀속 정합성이라는 본질적 법제도 과제로 인식하고 있다. 이러한 접근은 향후 AI 관련 저작권 제도 방향성을 정립하는 데 중요한 토대를 마련하며, 국제 공통 기준(Common Minimum Standards) 마련으로 이어질 것으로 전망된다.

TRIPS·WIPO 논의: AI 발명자성과 특허 제도의 국제적 재정립

AI 기술의 비약적 발전은 전통적인 특허 제도의 핵심 개념인 '발명자성(Inventorship)'에 근본적인 도전을 제기하고 있다. 특히 생성형 AI가 방대한 데이터를 기반으로 기술적 문제를 자율적으로 해결하거나 새로운 아이디어를 조합하는 방식은 '인간만이 발명자가 될 수 있다'는 기존의 원칙과 충돌하며, AI를 「특허법」상 발명자로 인정할 수 있는지가 국제 지식재산 거버넌스의 핵심 쟁점으로 부상하고 있다.

먼저, 세계무역기구(WTO)의 「TRIPS 협정」은 발명 보호의 국제적 조화를 강조하면서도, 회원국이 자국의 기술 발전 수준과 법제 환경에 따라 특허 제도를 설계할 수 있는 일정한 유연성을 허용하고 있다. 「TRIPS 협정」은 발명자를 원칙적으로 자연인(Human being)으로 한정하고 있으나, 그 해석에 일정한 여지를 두고 있으며, 각국이 AI의 관여 단계, 출원 요건, 기술적 기여 판단 기준 등을 자율적으로 보완할 수 있는 제도적 틀을 인정하고 있다. 예컨대, 「TRIPS 협정」은 「파리협약」을 기반으로 발명자 명시 의무를 요구하지만, 그 구체적 해석과 적용 방식은 회원국의 재량에 맡기고 있다. 이러한 구조는 AI를 단독 발명자로 인정하지 않더라도, AI가 일정 부분 기여한 보조 발명(AI-assisted invention)이나 생성 발명(AI-generated invention) 같은 새로운 유형에 대해 제도적 판단 기준을 설정할 수 있는 여지를 제공한다.

한편, 세계지식재산권기구(WIPO)는 2019년 "IP와 AI에 관한 대화"를 처음 개최한 이후, AI가 발명 과정에 실질적으로 기여한 경우 이를 발명자성 인정 요건으로 삼을 수 있는지에 대한 국제 기준 마련을 지속적으로 추진하고 있다. WIPO는 인간의 개입 없이 생성된 AI 단독 발명과, 인간이 일부 개입한 AI 보조 발명을 구분하고 있으며, 각각에 대해 '기술적 기여도(Technical contribution)'와 '인간 최소 개입(Human minimal input)'을 핵심 판단 기준으로 삼아 논의를 전개하고 있다. 2025년 4월에 개최된 제11차 세션에서는, AI가 단순한 도구(tool)를 넘어 창의적 문제 해결에 실질적으로 관여한 사례를 중심으로 그 결과물의 법적 귀속 주체를 어떻게 정의할 것인지에 대한 논의를 한층 심화했다.

이처럼 「TRIPS 협정」은 AI 발명자성 문제에 대해 각국이 기술 발전 수준과 법제 환경에 맞춰 자율적으로 제도를 설계할 수 있는 유연한 틀을 제공하고 있으며, WIPO는 보다 구체적인 발명자성 판단 기준과 정책 방향을 마련하기 위한 논의를 주도하고 있다. 이러한 국제적 논의는 향후 AI가 관여한 발명의 법적 지위와 특허 제도의 정합성을 재정립하는 데 중요한 기준점이 될 것으로 보인다.

EU 「DSM 지침」: 생성형 AI 학습과 저작물 이용에 관한 예외 규정 정립

유럽연합은 2019년 디지털 환경에서의 저작권 규율 강화를 목적으로 「디지털 단일시장 저작권 지침(Directive on Copyright in the Digital Single Market, DSM 지침)」을 채택했다. 이 지침은 온라인 플랫폼, 교육·연구 기관 등 다양한 이해관계자의 이익을 조율하면서, AI 기술 확산에 따른 저작권 질서의 재편에 대응하기 위한 내용을 담고 있다. 특히 TDM 예외 조항은 생성형 AI의 학습 구조와 밀접하게 연관되어 주목받고 있다.

구체적으로, 「DSM 지침」 제3조는 공익 목적의 교육·연구 기관이 합법적으로 접근 가능한 저작물에 대해 TDM을 자유롭게 활용할 수 있도록 허용하고 있으며, 제4조는 상업적 목적의 TDM도 원칙적으로 허용하되 저작권자가 사전에 옵트 아웃 의사를 명시한 경우에만 이를 제한할 수 있도록 규정하고 있다. 이는 AI 기업의 데이터 기반 학습을 지원하는 동시에 저작권자에게 일정 수준의 통제권을 부여하는 절충적 제도로 이해된다.

「DSM 지침」의 채택에 따라 독일, 프랑스, 네덜란드, 핀란드 등 주요 EU 회원국들은 2021~2022년경 이를 자국 「저작권법」에 반영해 TDM 관련 규정을 명문화했다. 그 결과 유럽 각국에서는 AI가 저작물 데이터를 학습에 활용할 수 있는 법적 기반이 마련되었고, 저작권자의 옵트 아웃 의사 표시 역시 기술적으로 구현 가능한 환경이 조성되었다. 다만, 옵트 아웃 제도의 실효성, AI 생성물과 원저작물 간 유사성에 따른 침해 판단 기준, 플랫폼의 법적 책임 범위 등은 추후 법리 정립이 요구되는 쟁점이라 할 것이다.

이러한 「DSM 지침」은 이용자의 법적 예측 가능성을 제고함으로써, 기술 혁신과 권리 보호 간의 조화를 도모하는 데 이바지한 것으로 평가된다.

OECD 보고서(2025): AI 학습 데이터의 저작권과 이용 규범 정비

경제협력개발기구(OECD)는 2025년 보고서 《스크랩된 데이터를 기반으로 학습된 인공지능의 지식재산권 이슈》를 통해, 인공지능 학습 데이터의 공정한 이용과 지식재산권 보호 간의 균형을 확보하기 위한 정책적 방향을 제시했다. 이 보고서는 특히 데이터 수집 단계에서의 권리 설정과 이용 조건의 명확화가 AI 생태계의 지속 가능성을 위한 핵심 과제임을 강조하며, 이에 대한 구체적인 정책 방안을 다음과 같이 제시하고 있다.

첫째, OECD는 콘텐츠 제공자와 AI 개발자 간의 표준화된 데이터 라이선스 계약 체계 도입을 권고한다. 이는 데이터 수집 및 이용과 관련된 권리 조건을 사전에 명확히 합의함으로써 법적 분쟁을 예방하고 예측 가능성을 높이려는 취지이며, AI 기술의 신뢰 기반 활용을 위한 제도적 정비로 해석된다.

둘째, 데이터 수집의 투명성 강화와 함께, 저작권자에게 AI 학습에 대한 참여 여부를 선택할 수 있는 옵트 아웃 시스템의 구축 필요성을 제기한다. AI 개발자에게는 데이터 출처 및 이용 내역에 관한 공개 기준을 마련하도록 하고, 저작권자에게는 자신의 콘텐츠가 AI 학습에 활용되는 것을 거부할 수 있는 기술적 · 정책적 수단이 보장되어야 한다는 것이다. 이는 EU의 「DSM 지침」 제4조 옵트 아웃 규정과도 방향성을 같이한다.

셋째, OECD는 각국 「저작권법」상 TDM 예외 규정의 국제적 조율 필요성을 강조한다. 국가마다 적용 기준이 상이할 경우, AI 기업의 글로벌 데이터 접근에 제약이 발생할 수 있으므로, TDM 예외의 범위를 국제적으로 통일해 AI 개발자와 저작권자 간 권리 균형을 제도적으로 확립할 필요가 있다는 입장이다. 이와 같은 조율은 기술 혁신과 저작권 보호 간의 충돌을 완화하는 실질적 기반이 될 수 있다.

이러한 OECD의 권고는 AI 학습 데이터 이용에 관한 규범을 국제적으로 제도화하려는 중요한 시도로 평가되며, 향후 WIPO 및 TRIPS 체계와의 정합성을 고려한 글로벌 규범 정립으로 이어질 것으로 전망된다.

국제 규범 조화를 위한 향후 과제

AI 기술의 고도화는 기존 법체계 전반에 걸쳐 근본적인 재편을 요구하고 있으며, 이에 대응하기 위한 국제적 논의 역시 활발하게 전개되고 있다. WIPO의 '인간 최소 기여' 기준, EU의 「DSM 지침」상 TDM 예외와 옵트 아웃 제도, 「TRIPS 협정」의 발명자 개념에 대한 유연한 해석, OECD의 AI 학습 데이터 규범 정비 권고 등은 각기 다른 방식으로 AI 시대에 적합한 법적 기준을 정립하려는 시도로 볼 수 있다. 이러한 흐름은 AI 기술이 단순히 지식재산권 영역에만 영향을 미치는 것이 아니라, 데이터 수집과 처리, 콘텐츠 생성, 결과물의 유통, 책임 귀속 등 AI

가 관여하는 모든 단계에서 법적 정합성과 국제적 일관성을 갖춘 규범 체계가 필요하다는 점을 시사한다.

이러한 변화에 대응하기 위해 우리나라는 국제 규범과의 정합성을 확보하는 동시에, 자국의 기술 환경과 사회적 가치에 기반한 유연하고 실효성 있는 AI 법제를 마련해 나가야 한다. 이를 위해 다음과 같은 세 가지 핵심 과제가 요구된다.

첫째, 국제 기준과 조화를 이루는 국내 규범 체계를 정비해야 한다. 현재 AI 창작물 보호 요건, 학습 데이터 이용의 정당성, AI 발명자성 인정 기준, 플랫폼의 책임 귀속 구조 등은 국제 논의의 핵심 의제로 자리 잡고 있으며, 여러 국가가 이를 자국 법제에 반영하는 작업을 본격화하고 있다. 우리나라도 「인공지능 기본법」을 중심으로, 「지식재산법」, 「개인정보보호법」, 「콘텐츠산업법」, 「전자상거래법」 등 관련 법령 간의 정합성을 확보하고, 기술 현실을 반영한 통합적인 법제 체계를 마련해 나가야 한다.

둘째, 국제적 공통 기준의 국내 이행 방안을 구체화해야 한다. WIPO와 OECD 등 국제기구는 AI 기술의 활용 과정에서 투명성, 공정성, 책임성 확보를 위한 공동 기준 수립을 추진 중이며, 이러한 기준은 향후 각국의 법제에 실질적인 이행 조치를 요구하는 방향으로 발전할 가능성이 크다. 이에 발맞춰 우리나라도 표준화된 데이터 라이선스 체계를 도입하고, 저작권자가 자신의 콘텐츠가 AI 학습에 사용되는 것을 사전에 차단할 수 있는 권리(opt-out)가 실질적으로 보장될 수 있도록 기술적 인프라를 구축해야 하며, AI 생성물에 대한 책임 귀속 기준 역시 명확히 정립해 국제 공조에 능동적으로 참여할 수 있어야 한다.

셋째, 국제 협력 기반의 규범 형성과 법제 외교의 강화를 병행해야 한다. 우리나라는 AI 기술력에서 일정 수준의 경쟁력을 갖추고 있음에도, 국제 지식재산권 및 데이터 거버넌스 논의에서 주도적 역할을 수행하는 데에는 아직 한계가 있다. 향후 WIPO, WTO, OECD, UNESCO 등 국제기구의 논의에 보다 적극적으로 참여하고, 우리 법제와 정책 경험을 국제 기준 형성 과정에 반영함으로써, 단순한 규범 수용국을 넘어 능동적 기준 제안국으로 전환할 필요가 있다. 이는 기술 중심의 경쟁력을 제도적 영향력으로 확장함으로써, 우리나라가 국제 규범 형성 과정에서 실질적 주도권을 확보하는 데 기여하는 핵심 전략이 될 것이다.

AI 시대의 법 제도는 기술 변화의 속도를 뒤따라가는

단기적 대응에 그쳐서는 안 되며, 국제 기준과 국내 법체계 간의 정합성을 지속적으로 유지함으로써 장기적인 신뢰성과 법적 예측 가능성을 확보해야 한다. 이를 통해 우리나라는 창작자 권리 보호와 기술 혁신이라는 두 가지 목표를 조화롭게 실현하고, 국제 AI 생태계 내에서 책임 있는 규범 국가로 자리매김할 수 있을 것이다.

참고문헌

배대헌(2020). "AI 발명·특허출원을 통해 살펴본 현행 특허법상 발명자 보호의 문제". 《산업재산권》, 63, 1-44쪽, https://www.kci.go.kr/kciportal/ci/sereArticleSearch/ciSereArtiView.kci?sereArticleSearchBean.artiId=ART002581081

이길원(2023.12). "AI 규제를 위한 국제협력 방안: 국제기구의 역할과 기능에 관한 국제법적 검토를 중심으로". 《미국헌법연구》, 34(3), 75-103쪽, https://www.dbpia.co.kr/journal/articleDetail?nodeId=NODE11674592

전정화 외(2024.7). "초거대 인공지능 등장에 따른 지식재산 쟁점 대응방안 연구". 국가지식재산위원회, https://www.ipkorea.go.kr/board/articleDetail.do?bbsId=BBSMSTR_000000000009&nttId=20656&pageIndex=1&searchCnd=0

한국지식재산연구원(2024). "WIPO 생성형 AI", https://www.dbpia.co.kr/journal/voisDetail?voisId=VOIS00757214

Lucchi, N. & Hunter, S.(2025.7). Generative AI and copyright:

Training, creation, regulation. European Parliament, *Study,* https://www.europarl.europa.eu/thinktank/en/document/IUST_STU(2025)774095

WIPO(2024.11.5~6). WIPO conversation on intellectual property(IP) and frontier technologies: Tenth session, https://www.wipo.int/meetings/en/details.jsp?meeting_id=84809

WIPO(2025.4.23~24). Eleventh session of the WIPO conversation, https://www.wipo.int/meetings/en/details.jsp?meeting_id=87571

10
AI 시대의 지식재산권 해석과 입법 방향

AI 시대에 효과적으로 대응하려면 기술 발전에 따른 주요 법적 쟁점을 정확히 파악하고, 국제 규범과의 정합성을 고려한 제도적 해법을 신중히 마련해야 한다. 특히 「저작권법」, 「특허법」, 「상표법」, 「부정경쟁방지법」 등 주요 지식재산권 법제 전반에 걸쳐 새롭게 부각되는 이슈들을 종합적으로 분석하고, 이에 부합하는 규율 체계를 정비하는 것이 중요하다.

AI와 미래 의사?

지식재산권 분야의 법 정비 방안

「저작권법」: 학습 데이터와 AI 생성물 규율 정비

AI 기술의 확산에 따라 주요국과 국제기구는 기존 저작권 체계의 재정비를 추진하고 있다. 유럽연합(EU)은 「디지털 단일시장 저작권 지침(Directive on Copyright in the Digital Single Market)」(「DSM 지침」)을 통해 TDM(Text Data Mining) 예외를 도입하고, 옵트 아웃(저작권자가 자신의 콘텐츠가 AI 학습에 사용되는 것을 사전에 차단할 수 있는 권리) 제도를 마련했다. 세계지식재산권기구(WIPO)는 인간의 일정 수준 개입이 있을 경우 AI 생성물도 저작권 보호 대상이 될 수 있다는 '인간 최소 기여' 기준을 제시하고 있으며, 경제협력개발기구(OECD)는 데이터 이용의 투명성 확보와 권리자 통제권 강화를 핵심 과제로 강조하고 있다. 또한 독일, 프랑스, 이탈리아 등도 TDM 관련 규정을 자국 「저작권법」에 반영하며 제도 정비를 추진 중이다.

우리나라도 이러한 국제적 논의에 발맞춰 다음과 같이 「저작권법」 정비를 고려할 필요가 있다.

첫째, AI 학습 데이터의 이용 적법성 기준을 명확히 설정해야 한다. 현재는 웹상 저작물의 수집과 활용에 대한 판단 기준이 불명확한 상황으로, TDM 예외 적용 요건과 저작물 유형별 처리 기준을 구체화해야 한다. 특히 자동화된 수집 방식이나 비정형 데이터 활용과 관련된 해석 기준도 명확히 정립할 필요가 있다.

둘째, AI 생성물의 보호 여부에 관한 판단 기준을 마련해야 한다. 인간의 창작적 개입이 아닌 자동 생성된 결과물은 원칙적으로 보호 대상이 아니지만, 프롬프트 구성, 내용 선택, 결과물의 편집 등 실질적 기여가 인정되는 경우에는 제한적으로 보호할 수 있도록 명확한 기준을 설정해야 한다.

셋째, TDM 예외 및 옵트 아웃 제도의 입법화를 통해 저작권자의 통제권을 실효적으로 보장할 수 있는 체계를 마련해야 한다. 저작권자가 자신의 콘텐츠가 AI 학습에 활용되는 것을 명시적으로 거부할 수 있도록 하고, 이를 기술적으로 인식하고 이행할 수 있는 환경도 함께 구축되어야 한다.

넷째, 데이터 라이선스 체계와 출처 표시 제도를 도입함으로써 AI 학습과 생성 과정의 투명성을 높이고, 창작자, 개발자, 이용자 간의 권리와 책임 구조를 명료화해야 한다.

이처럼 AI 시대 「저작권법」은 기술 발전과 권리 보호의 조화를 바탕으로, 국제 기준과의 정합성을 갖춘 지속 가능한 디지털 창작 환경을 구축하는 방향으로 재정비되어야 할 것이다.

「특허법」: AI 발명자 지위 및 특허 출원 요건의 재정립

WIPO는 AI 단독 발명과 인간 보조형 발명을 구분하고, 기술적 기여도와 인간 개입 수준을 판단 기준으로 제시함으로써 발명자 인정에 관한 정책적 기준을 제시하고 있다. 그리고 WTO의 「TRIPS 협정」은 발명자를 원칙적으로 자연인으로 한정하면서도, 각국의 입법 재량을 통해 제도 설계의 유연성을 허용한다. 일본은 법률 개정보다는 실무 가이드라인을 통해 AI 발명에 대한 해석 기준을 마련하는 현실적 접근을 취하고 있다.

우리나라도 이러한 국제 논의에 발맞춰 다음과 같이 「특허법」 정비를 본격 추진할 필요가 있다.

첫째, 발명자 요건과 관련해 AI가 실질적으로 기술적 기여를 한 경우에도 인간만을 발명자로 인정할 것인지에 대한 정책적 판단을 해야 한다. AI 단독 발명을 인정하지 않더라도, 인간이 주도하고 AI가 이를 보조한 'AI 보조형 발명'의 경우에는 인간 발명자의 창작적 기여 요건을 명확히 규정해 권리 귀속의 정당성과 심사 실무의 일관성을 확보해야 한다.

둘째, 발명을 'AI 보조형'과 'AI 생성형'으로 구분하고, 각 유형에 따라 심사 기준과 권리 보호 범위를 차등 적용하는 방안을 제도화해야 한다. 이러한 유형 구분은 기술 발전 양상을 반영하면서 법적 예측 가능성을 높이는 동시에, 발명 주체와 권리 귀속에 관한 사회적 합의를 제도적으로 뒷받침하는 유연한 설계를 가능하게 한다.

셋째, 심사 기준 측면에서 AI가 개입한 발명의 신규성 및 진보성 판단 기준을 재정비해야 한다. 단순한 데이터 결합인지, 기술적 창의성이 반영된 진보적 성과인지를 판단하기 위해, AI 개입 수준과 전체 발명 과정에서의 기여도를 종합적으로 고려하는 기준이 요구된다.

넷째, 발명의 설명 요건과 명세서 기재 방식의 개선이 필요하다. AI가 관여한 경우에는 해당 AI의 기능, 활용된 학습 데이터의 성격, 인간의 개입 정도 등을 명확히 기재하도록 해 심사의 투명성을 높이고 특허권의 범위를 분명히 해야 한다.

이처럼 AI 시대에 부합하는 「특허법」 체계를 구축하려면 단순한 규정 개정을 넘어 발명자 개념, 출원 유형, 심사 기준, 명세서 작성 방식 등 제도 전반에 대한 체계적이고 종합적인 재설계가 필수적으로 요구된다.

「상표법」: AI 생성 표지의 식별력, 혼동 가능성 기준의 재설계

EU, 일본, 중국, WIPO 등은 AI가 생성한 표지가 기존 상표와 유사하거나 소비자에게 혼동을 줄 수 있는 경우, 기존의 외관 · 호칭 · 관념을 중심으로 한 유사성 판단 기준만으로는 한계가 있다는 데 공통된 인식을 보이고 있다. 특히 생성 주체가 누구인지 또는 인간의 개입 여부와 관계없이, AI가 반복적으로 유사한 표지를 자동 생성하는 현상은 기존 「상표법」 체계로는 적절히 대응하기 어려운 새로운 문제를 야기하고 있다. 이에 따라 독일, 일본, 싱가포르 등 일부 국가는 「상표법」 제도의 개선을 추진하고 있다.

우리나라도 이러한 국제적 논의에 발맞춰 「상표법」을 다음과 같이 정비할 필요가 있다.

첫째, AI 생성 표지에 대한 식별력 판단 기준을 새롭게 마련해야 한다. AI가 의도 없이 반복적으로 생성한 표지는 고유성이 부족할 수 있으므로, 생성 경위, 알고리즘 개입 수준, 유사성 등을 종합적으로 고려하는 기준이 필요하다.

둘째, 유사성 및 혼동 가능성 판단 기준을 기술 현실에 부합하도록 재설계해야 한다. AI는 동일한 입력에 대해 유사한 결과물을 반복 생성할 수 있으며, 명확한 창작 의

도가 결여된 경우에도 상표 간 혼동이 발생할 수 있다. 이에 따라 AI 개입 방식, 생성의 반복성, 시장 상황 등을 반영한 다층적이고 유연한 기준이 요구된다.

셋째, AI 생성 상표 출원 시 출원인의 설명 책임을 명확히 할 필요가 있다. 무분별한 유사 상표 출원을 방지하고 심사의 신뢰성을 높이기 위해, AI 사용 여부, 입력 정보, 생성 과정 등을 출원서에 구체적으로 기재하도록 해야 한다.

넷째, 생성형 AI 플랫폼 사업자나 도구 제공자의 법적 책임 범위에 관한 검토가 필요하다. 특히 AI 시스템이 반복적으로 유사 표지를 생성하는 경우, 이들에게 일정한 주의 의무나 사후적 통제 책임을 인정할 수 있는지를 핵심적으로 검토해야 한다.

이처럼 AI 시대의 「상표법」은 상표 생성의 주체, 절차, 기술적 특성, 반복 가능성 등을 종합적으로 반영하는 방향으로 정비되어야 하며, 이를 통해 공정한 거래 질서 확립과 상표권 보호라는 「상표법」의 입법 목적을 효과적으로 실현할 수 있어야 한다.

「부정경쟁방지법」: AI 성과 모방, 퍼블리시티권, 데이터 보호 기준 정립

WIPO와 OECD는 "IP와 AI에 관한 대화" 시리즈 및 《AI 훈련 데이터에 관한 저작권 및 공정 이용 보고서》를 통해, AI에 의해 자동화된 콘텐츠 생성이 타인의 경제적 성과를 부당하게 침해하는 경우 이를 부정 경쟁의 새로운 유형으로 포섭할 수 있어야 한다고 언급한 바 있다. 한편, 중국은 「인터넷 정보 서비스 알고리즘 추천 관리규정」 및 「생성형 인공지능 서비스 관리 임시조치」를 통해, 알고리즘 기반 디지털 모사 행위와 그에 대한 서비스 제공자의 법적 책임을 명확히 규정하고 있다.

우리나라도 이러한 국제적 논의에 발맞춰 「부정경쟁방지법」을 다음과 같이 정비할 필요가 있다.

첫째, AI 기반 성과 모방에 대한 보호 범위를 확대해야 한다. 현행법은 '타인의 성과물' 모방을 일정 요건하에서만 규율하지만, AI가 단기간 대규모로 창작물을 기술적으로 재구성·조합하는 경우 이를 포섭할 근거가 부족하다. 이에 성과 모방 개념을 기술 중립적으로 확장하고, AI에 의한 자동화된 모방도 부정 경쟁 행위로 규율할 수 있어야 한다.

둘째, 식별력 없는 AI 생성물에 대한 보호 가능성을 검토해야 한다. 창작성이나 명확한 인간 개입이 부족하더라도 타인의 경제적 이익을 침해하는 경우, 일정 요건하에 보호 대상이 될 수 있도록 하는 방향이 요구된다.

셋째, 퍼블리시티권 침해 판단 기준을 정립해야 한다. AI가 유명인의 외모 · 음성 · 스타일 등을 재현하는 '디지털 휴먼' 기술에 활용됨에 따라, 식별 가능성, 상업적 이용 목적, 소비자 혼동 가능성 등을 중심으로 명확한 침해 판단 기준이 필요하다.

넷째, 알고리즘 및 데이터세트의 부정 이용에 대한 규율도 정비해야 한다. AI가 특정 알고리즘이나 데이터 구성에 따라 타인의 콘텐츠를 반복적으로 모사하는 경우, 사용자뿐 아니라 도구 제공자나 플랫폼 사업자에게도 주의 의무 또는 사후적 책임을 부과할 수 있는 법적 기반이 마련되어야 한다.

이처럼 AI 시대의 「부정경쟁방지법」은 AI 기반의 성과 모방, 식별력 없는 생성물의 보호, 디지털 퍼블리시티권 침해, 알고리즘 및 데이터세트의 부정 이용 등 새로운 쟁점을 포괄할 수 있도록, 법체계 전반에 대한 체계적인 정비가 요구된다.

종합적 제언 및 시사점

우리나라는 2026년 1월 「인공지능 기본법」의 시행을 계기로, AI 관련 법체계의 새로운 전환점을 맞이하게 된다. 이는 단순한 선언적 규범을 넘어, 산업과 사회 전반에 걸쳐 AI 기술이 폭넓게 활용되는 현실을 반영하고, 기존 법제와의 정합성을 확보하려는 실질적인 법 도입이 본격화된다는 점에서 중요한 의미를 가진다.

그러나 이러한 입법이 실효성을 갖기 위해서는 총체적인 규범 체계에 대한 면밀한 검토가 수반되어야 한다. 각 지식재산권 법제가 개별 사안에 단편적으로 대응하는 수준을 넘어, AI 활용 전 과정에서 발생할 수 있는 다양한 법적 쟁점들을 유기적으로 연계하고, 이를 통합적으로 규율할 수 있도록 체계적인 법제 정비가 이뤄져야 한다. 예컨대, AI가 타인의 저작물을 학습해 유사한 이미지를 생성하고 이를 상표로 출원하거나, 반복적으로 유사한 콘텐츠를 자동 생성 · 유통하는 경우, 이는 단순한 저작권 침해를 넘어 「상표법」상 혼동 유발, 부정 경쟁행위, 퍼블리시티권 침해 등으로 이어지는 복합적이고 중첩된 법적 문제를 야기할 수 있기 때문이다.

이에 효과적으로 대응하기 위해서는 「저작권법」, 「특허법」, 「상표법」, 「부정경쟁방지법」 등 주요 지식재산권 법제를 AI 기술 환경에 부합하도록 구조적이고 유기적으로 재설계할 필요가 있다. 단순히 기술 발전을 수용하는 차원이 아니라, 권리자 보호와 산업 혁신 간의 조화, 국제 규범과의 정합성 확보, 실효적인 집행 체계 구축 등 다양한 요소를 균형 있게 반영해야 한다. 이를 위해서는 민관 협력 기반 거버넌스 체계 마련은 물론, 이해관계자의 폭넓은 의견 수렴 및 지속적인 조정 과정이 병행되어야 한다.

AI 시대의 지식재산권 제도 개편은 단순히 개별 조항의 수정에 머무르지 않고, 제도 전반의 근간을 재설계하는 패러다임 전환을 요구한다고 할 수 있다. 우리나라는 올해 초 관련 법 제정을 계기로 구조적 정비에 착수했고, AI 창작물의 보호, 권리 귀속, 공정 이용 등 주요 쟁점에 대한 논의도 활발히 진행되고 있다. 이러한 논의를 입법으로 구체화해 나감으로써, AI 기술 경쟁력과 창작 · 책임, 보호 · 활용의 조화를 이루는 지속 가능한 지식재산 생태계를 구축해야 할 것이다.

참고문헌

문명섭 외(2022.6). “인공지능(AI) 창작물의 권리보호 방안 수립 등 AI-지식재산 이슈 대응 연구”. 국가지식재산위원회,

https://ipkorea.go.kr/board/articleDetail.do?bbsId=BBSMSTR_000000000009&nttId=20383&pageIndex=2&searchCnd=0

박준우(2024). "인공지능(AI)·딥페이크 생성물의 퍼블리시티권 침해 연구". 《산업재산권》, 79, 315-354쪽, https://www.kci.go.kr/kciportal/ci/sereArticleSearch/ciSereArtiView.kci?sereArticleSearchBean.artiId=ART003160255

육근혁 외(2023). "상표 유사판단 분야에의 인공지능(AI) 도입 검토: 상표권침해소송상 절차적 논의를 중심으로". 《법학논총》, 40(3), 629-652쪽, https://www.kci.go.kr/kciportal/ci/sereArticleSearch/ciSereArtiView.kci?sereArticleSearchBean.artiId=ART003007438

인하대학교 법학연구소(2025). 《인공지능법 2》. 세창출판사.

최연희(2024). "인공지능 관련 발명의 특허 보호에 관한 비교법적 고찰 : 세계지식재산 5대 주요국(IP5)을 중심으로". 연세대학교 법무대학원 석사학위논문, https://dcollection.yonsei.ac.kr/public_resource/pdf/000000553028_20250824141753.pdf

Desai, D. R. & Riedl, M.(2024.2.24). Between Copyright and Computer Science: The Law and Ethics of Generative AI. *Northwestern Journal of Technology and Intellectual Property*, 22(1). *ArXiv*, https://arxiv.org/abs/2403.14653

Federal Register(2024.2.13). Inventorship guidance for AI-assisted inventions. United States Patent and Trademark Office(USPTO), https://www.federalregister.gov/documents/2024/02/13/2024-02623/inventorship-guidance-for-ai-assisted-inventions

정윤경

고려대학교 법학연구원 학술연구교수다. 고려대학교에서 "자진신고자 책임감면 제도의 문제점과 개선방안"으로 석사학위를, "사진저작물의 창작성 판단 기준"으로 박사학위를 취득했다. 한국저작권위원회, 고려대학교 법학연구소 지식재산권법센터, (사)지식재산법제연구원 선임연구원, 인텔리콘연구소(AI & Law) 수석연구원, 인하대학교 AI·데이터법센터 책임연구원 등을 역임하며 지식재산권, 인공지능, 데이터 법제를 포괄하는 폭넓은 연구와 실무 경험을 쌓아 왔다. 또한 변리사 시험 1·2차 출제위원, 한국저작권법학회 이사 등으로 활동하며 관련 제도의 발전과 학문적 교류에도 꾸준히 기여하고 있다. 주요 저서로는 《인공지능법 2》(공저, 2025), 《인공지능법 총론》(공저, 2023), 《데이터법의 신지평》(공저, 2023), 《데이터법》(공저, 2022), 《2012 개정 저작권법에 따른 상담사례 100》(공저, 2013) 등이 있으며, "메타버스 플랫폼에서의 저작권 쟁점 고찰: 콘텐츠 제작 및 이용을 중심으로"(2024), "ChatGPT의 이용과 저작권 쟁점 고찰"(2023), "데이터 소유자의 권리 보호에 관한 소고"(2022), "개인정보자기 결정권의 범위와 한계에 관한 고찰"(2021) 등 디지털 환경과 지식재산권이 교차하는 법적 쟁점을 심층적으로 다룬 논문을 다수 발표했다.